学前教育新形态教材

幼儿游戏与指导

主　编　巴晓鲜　黄　胜　陈虹先

副主编　田井秀　李忠毅　冉　婷　何建匀

编　委　巴晓鲜　田井秀　冉　婷　刘　容
　　　　李忠毅　吴诗航　何建匀　陈虹先
　　　　罗菊珍　黄　胜

西南大学出版社

国家一级出版社　全国百佳图书出版单位

图书在版编目(CIP)数据

幼儿游戏与指导 / 巴晓鲜, 黄胜, 陈虹先主编. --
重庆 : 西南大学出版社, 2024.5
ISBN 978-7-5697-2345-8

Ⅰ. ①幼… Ⅱ. ①巴… ②黄… ③陈… Ⅲ. ①学前教育 - 游戏课 - 高等职业教育 - 教材 Ⅳ. ①G613.7

中国国家版本馆CIP数据核字(2024)第094127号

幼儿游戏与指导

YOU'ER YOUXI YU ZHIDAO

主　编　巴晓鲜　黄　胜　陈虹先

总 策 划:杨　毅　曾　文
执行策划:熊家艳　尹清强
责任编辑:路兰香
责任校对:熊家艳
装帧设计:魏显锋
排　　版:张　艳
出版发行:西南大学出版社(原西南师范大学出版社)
地　　址:重庆市北碚区天生路2号
邮　　编:400715
电　　话:023-68868624
印　　刷:重庆紫石东南印务有限公司
成品尺寸:185 mm×260 mm
印　　张:15
字　　数:287千字
版　　次:2024年5月 第1版
印　　次:2024年5月 第1次印刷
书　　号:ISBN 978-7-5697-2345-8
定　　价:59.00元

序

学前教育是终身教育的开端，关系亿万儿童的健康成长、千家万户的切身利益、国家和民族的未来。百年大计，教育为本；教育大计，教师为本。促进学前教育健康发展，关键在于建设一支高素质的幼儿园教师队伍。2018年中共中央、国务院出台的《关于全面深化新时代教师队伍建设改革的意见》指出："教师承担着传播知识、传播思想、传播真理的历史使命，肩负着塑造灵魂、塑造生命、塑造人的时代重任，是教育发展的第一资源，是国家富强、民族振兴、人民幸福的重要基石。"

培养高素质的幼儿园教师，加强课程和教师队伍建设是基础。2019年国务院印发的《国家职业教育改革实施方案》提出了完善国家职业教育制度体系、构建职业教育国家标准、建设多元办学格局等一系列的任务。其中，教材是育人之纲，是改革的基础，是教师实施教学改革的重要载体和有效途径。教育部等九部门印发的《职业教育提质培优行动计划（2020—2023年）》强调，实施职业教育"三教"改革攻坚任务，要完善职业教育教材规划、编写、审核、选用使用、评价监督机制。2021年教育部办公厅印发的《"十四五"职业教育规划教材建设实施方案》强调教材建设的权威性、前沿性、原创性，要打造培根铸魂、启智增慧、适应时代要求的精品教材。当前，学前教师教育教材虽然品种丰富，但是随着国家政策的调整、职业教育理念的变化及学科的飞速发展，在一定程度上存在理念落后、体系陈旧等问题。例如，以学科为中心的理论教材过剩，传统纸质教材过剩，多媒体融合的新形态教材缺少，等等。在此背景下，我们设立课题组，组织学前师范院校的知名专家学者、中高职院校一线教师、幼儿园园长及一线教师编写了这套学前教育专业"中高协同"融通教材。从总体上来看，这套教材有如下特点：

一是坚持立德树人,强化课程思政。

本系列教材的编写坚持立德树人根本任务,厚植爱国情怀,以铸就师德师魂,培养适应新时代社会发展需要的卓越幼儿园教师为目标。教材内容的选择充分体现了社会主义核心价值观,突出了学前教育在国民教育中的基础性作用。

二是全面研究设计,系统规划建设。

从研制人才培养方案着手,研究确定了人才培养要求、专业课程设置和课程标准,以及配套的课程教学资源与课程试题库、幼儿园教师资格考试试题库。

三是做实产教融合载体。

党的二十大报告指出:"教育、科技、人才是全面建设社会主义现代化国家的基础性、战略性支撑。"教材内容融合了《幼儿园教育指导纲要(试行)》、幼儿园教育活动基本理论以及幼儿教师教育教学活动的实践经验,切实增强教育教学的适应性,落实产教融合。

四是实用性好、可操作性强。

本系列教材以幼儿园教育活动基本理论为基础,面向幼儿园教育活动实践,提供了大量教育活动设计的案例及评析,强调实用性及可操作性。

五是混合式教学。

本系列教材除课堂教学设计丰富以外,还加入了微课视频资源,以二维码的形式呈现在相应的知识点旁,增强了教材的趣味性,有助于学生直观、深刻地理解学习内容,更便于教师开展信息化教学,符合当前教育教学创新改革的要求。

本套教材的编写汇集了全国范围内学前教育领域的多位专家、学者、一线名师等,编写者们不辞辛苦,反复研讨,精心打磨。尽管如此,本书仍然存在一些不足,学术上的追求永无止境,我们将不懈努力,不断修正、充实与完善相关内容。我们衷心希望这一课程思政背景下的中高协同系列教材的问世,能够为当前转型期幼儿保育专业及学前教育专业的相关院校课程改革与教学工作助力,为我国幼儿保育、学前教育人才队伍建设做出应有的贡献。

前言

联合国《儿童权利公约》规定，儿童有权享有休息和闲暇，从事与自己年龄相宜的游戏和娱乐活动，以及自由参加文化活动和艺术活动。儿童享有游戏的权利，是游戏的主人。《国务院关于当前发展学前教育的若干意见》指出，要“遵循幼儿身心发展规律，面向全体幼儿，关注个体差异，坚持以游戏为基本活动，保教结合，寓教于乐，促进幼儿健康成长”。本教材着眼于培养学前教育专业学生的幼儿游戏理论与实践教学能力，如幼儿游戏的设计、指导、评价能力，为学生毕业后更好地适应工作岗位的要求奠定基础。

本教材以“项目引领，任务驱动”的形式进行撰写，一共分为四个部分十个项目，第一部分为幼儿游戏概述，主要阐释幼儿游戏的内涵、幼儿游戏的分类、幼儿游戏的价值与意义、幼儿游戏的原则等；第二部分为幼儿游戏环境创设，包括物质环境和精神环境创设；第三部分阐述了幼儿角色游戏、表演游戏、建构游戏、智力游戏、音乐游戏、体育游戏、民间游戏等的组织与指导。第四部分为幼儿游戏评价，从评价的内容、要点、方法等方面进行阐述。

本教材具有以下几个特点：第一，力求体现“幼儿为中心”的基本教育理念，针对幼儿园的教育教学要求，分析和解决幼儿园在游戏指导方面存在的问题；第二，体现“岗课赛证”融通，从结构、形式、内容等方面均体现职业教育教学改革的新要求；第三，提供丰富的案例与拓展知识，图文并茂，语言通俗易懂，适合职业院校学前教育专业学生学习使用；第四，教材撰写人员既有教育部职业院校教学(教育)指导委员会委员、教育部名师专家及高校老师，又有幼儿园优秀园长和老师，编写内容既有理论高度，又有实践深度，很好地做到了理论与实践相结合。

本教材由黔南民族幼儿师范高等专科学校巴晓鲜、黄胜、陈虹先共同主编和统稿，黄胜拟定编写框架和撰写全书提纲。具体分工为：项目一由罗菊珍完成，项目二由吴诗航完成，项目三、四由巴晓鲜完成，项目五由刘容完成，项目六由陈虹先完成，项目七由李忠毅完成，项目八由都匀市第一幼儿园冉婷完成，项目九由都匀市第一幼儿园何建匀完成，项目十由田井秀完成。本教材是“贵州省学前教育冉婷乡村名师工作室”建设成果，也是贵州省教育厅学前教育高质量发展项目“构建幼儿园‘三阶递进’保教活动模式的实践研究”阶段性成果。

在编写本教材的过程中，编者直接或间接参考和借鉴了许多有关幼儿游戏教学的最新学术成果、文献资料及幼儿园一线教育工作者的实践经验。在此对原作者一并表示由衷的感谢与敬意。由于编写时间仓促，经验有限，教材中疏漏和不妥之处在所难免，敬请广大读者不吝赐教。

编者

2023年11月

目录
CONTENTS

目录
CONTENTS

项目一

幼儿游戏概述

学习目标

知识目标

1. 理解幼儿游戏的内涵；
2. 熟悉幼儿游戏的分类，了解幼儿游戏的教育作用；
3. 掌握幼儿游戏的原则。

技能目标

1. 能区分幼儿游戏的类型和辨别幼儿游戏的不同分类方法；
2. 能分析不同类型游戏对幼儿的影响；

素养目标

1. 关爱幼儿，尊重幼儿个体性差异；
2. 热爱幼儿教育事业，培养职业荣誉感。

学习重难点

学习重点

1. 对幼儿游戏内涵的理解；
2. 对幼儿游戏分类和作用的熟悉；
3. 对幼儿游戏原则的掌握。

学习难点

1. 明确幼儿游戏的分类和作用；
2. 熟悉幼儿游戏的设计原则。

思维导图

- 幼儿游戏概述
  - 幼儿游戏的内涵
    - 关于游戏的几种理论
    - 幼儿游戏的概念
    - 幼儿游戏的基本要素
    - 幼儿游戏的特点
    - 幼儿游戏与幼儿发展之间的关系
  - 幼儿游戏的分类
    - 常见的幼儿游戏
    - 根据游戏的特定目标分类
    - 根据游戏的场所分类
  - 幼儿游戏的价值与意义
    - 游戏对幼儿认知发展的作用
    - 游戏对幼儿情感发展的作用
    - 游戏对幼儿社交能力发展的作用
    - 游戏对幼儿身体发展的作用
  - 幼儿游戏的原则
    - 游戏的自愿性原则
    - 游戏的乐趣性原则
    - 游戏的适应性原则
    - 游戏的发展性原则
    - 游戏的差异性原则
    - 游戏的包容性原则

任务一

幼儿游戏的内涵

案例引入

3岁的优优在沙坑里玩耍，他不仅用小铲子挖沙、用模具做出各种形状，还在和旁边的小朋友交流："看我做了一个漂亮的城堡。"在游戏过程中，优优展现出了探索、创造和社交的能力。

试分析幼儿游戏对幼儿发展的作用。

任务准备

1.用物准备：幼儿游戏理论知识学习资料，幼儿游戏视频，纸和笔。

2.经验准备：在课程学习中了解幼儿游戏的基本概念，到幼儿园去见习，了解幼儿园中的幼儿游戏开展现状。

工作表单

工作表单1

阅读分享

阅读幼儿游戏的几种理论，分享你对某种或几种游戏理论的看法。

工作表单2

学习讨论

扫码观看幼儿游戏视频，结合学习支持的相关内容，讨论游戏是什么，可以从哪些方面来理解游戏。

工作表单3

小组讨论

查阅幼儿游戏相关资料，讨论游戏的构成要素和主要特点。

构成要素	主要特点

任务分析

通过阅读相关文献和课件，或者听课来理解幼儿游戏的定义、特征，以及游戏在幼儿发展中的重要作用。

通过分析具体的幼儿游戏案例，识别游戏活动中的探索、学习和社交等元素的概念，加深对游戏内涵的理解。

在见习中记录幼儿游戏实例，进行分析和讨论，理解游戏对幼儿发展的意义。

学习支持

一、关于游戏的几种理论

在了解游戏的内涵之前，首先需要知道游戏产生的理论基础，因为这些理论可以帮助我们更好地理解游戏的内涵。

（一）剩余精力说

游戏的剩余精力说的代表人物是德国思想家席勒和英国社会学家、心理学家斯宾塞。该理论认为，游戏是一种能够释放幼儿积累的剩余精力的活动。幼儿在日常生活中，经常面临各种约束，比如要求遵守家庭规则、幼儿园活动规范等。这些约束会让幼儿产生一种紧张感和压力，而游戏则可以为幼儿营造一个自由、宽松和自主的环境。

根据剩余精力说，幼儿在游戏中能够释放出在其他活动中积累的能量。游戏的结构和规则能提供一种安全的环境，幼儿可以在其中自由地表达自己的想法、发展自己的能力和学会解决问题。在游戏过程中，幼儿能够发挥创造力、想象力和探索精神，同时也能够满足自我需求。

游戏可以让幼儿获得身体上的放松、情感上的满足和认知能力的发展，这种释放和调节有助于幼儿的身心健康发展。

（二）生活预备说

游戏的生活预备说的代表人物是德国心理学家格鲁斯。这个理论认为，游戏在幼儿阶段的主要作用是为幼儿日后的生活做准备，帮助幼儿习得生活所需的各种知识、能力和素质。

根据生活预备说，游戏通过设置各种情景和角色，为幼儿提供了学习和探索的平台，让幼儿参与其中。通过游戏，幼儿可以扮演家庭成员、医生、老师、警察等不同的角色，通过角色来理解人的行为、语言、责任以及环境等，从而学习社交技能、情感表达能力和解决问题的能力。

生活预备说强调游戏与幼儿发展之间的紧密联系，认为游戏不仅是娱乐和消遣，更是一种重要的学习和发展方式。游戏可以吸引幼儿积极参与活动和主动学习，从而培养和发展各个方面的素质和能力。

（三）复演说

游戏的复演说的代表人物是美国心理学家霍尔。该理论认为，游戏是幼儿模仿和复演经历过的真实生活和心理感受的一种方式。幼儿在游戏中通过扮演不同的角色来演绎他们的经历和学习解决他们在现实生活中遇到的问题。

根据复演说，幼儿基于他们的真实经验和情感，通过游戏来表达这些经验和情感。通过游戏的复演，幼儿能够在一种安全的环境中重新体验真实生活中的情景和处理发生的事情，从而更好地理解这些情景和应对这些事情。

复演说强调游戏在幼儿发展中的重要作用。通过游戏的复演，幼儿能够发展自己的思维能力、情感表达能力和解决问题能力。他们可以在游戏中扮演不同的角色，从而理解其他人的观点和情感，并学会与他人合作，解决冲突和表达自己的想法。通过游戏的复演，幼儿能够发展自己的想象力、创造力，培养灵活思维和创新能力。

（四）松弛说

游戏的松弛说的代表人物是德国心理学家拉察鲁斯。该理论认为，游戏是一种放松心情和释放紧张情绪的活动，有助于恢复身心的平衡和缓解压力。

根据松弛说，游戏提供了一种逃避现实和日常压力的机会。游戏中的自由和乐趣可以激发幼儿的积极情绪和增加情感体验，提升幸福感和满足感。通过游戏，幼儿可以暂时忘记烦恼和压力，放松身心，享受自由和快乐的时光。游戏的规则和结构可以帮助幼儿专注于游戏活动，享受游戏过程，让身体松弛和紧张情绪得到释放，有助于恢复身心的平衡，减轻焦虑和压力。

游戏的松弛说还强调游戏对创造力和想象力的激发作用。在游戏中，幼儿可以自由地发挥创造力，创设新的情景和尝试新的角色，从而释放内在的想象力和创造力。

二、幼儿游戏的概念

幼儿游戏是指幼儿在一定规则下进行有目的的活动，并且通过自主行动和互动来获取乐趣、探索世界、发展能力和促进身心发展的一种娱乐形式。幼儿游戏通常包含简单的规则和一定的目标，旨在满足幼儿的好奇心、探索欲望和社交需求。可以从以下几个方面来理解幼儿游戏的概念。

(一)自主行动和互动

幼儿游戏强调幼儿的主动参与和互动。幼儿在游戏中具有自主选择的权利,可以根据自身的兴趣和需求选择参与什么活动、扮演什么角色、做出什么行为等,并与他人、环境或虚拟对象进行互动。他们可以通过游戏来表达自己的想法、情感和创造力,培养自信心和自主性。

(二)发展和提升综合能力

幼儿游戏是促进幼儿发展的重要途径之一。通过游戏,幼儿可以发展和提升各个方面的能力,包括但不限于身体运动技能、认知能力、语言表达和沟通能力、社交技能、情感表达和情绪调节能力等。游戏能促进幼儿的综合发展,培养他们的想象力、创造力、合作精神和解决问题的能力。

(三)探索和发现乐趣

幼儿游戏为幼儿提供了探索和发现世界的机会。通过游戏,幼儿能够学会积极地观察周围环境和探索未知世界,并解决问题,从而获得乐趣和满足感。他们通过游戏来理解和认识周围的环境,学习和探索新事物,培养好奇心和求知欲。

(四)规则和目标

幼儿游戏通常包含简单的规则和一定的目标,这些规则和目标为游戏提供了结构和方向。幼儿通过游戏规则和目标来理解自己的角色和责任,学习和遵守规则,培养自制力和责任感。同时,游戏的规则和目标也为幼儿提供了面对挑战和获得成就感的机会,激发他们的学习动力和参与积极性。

(五)社交能力和情感发展

幼儿游戏是幼儿进行社交和发展情感的重要环境。通过游戏,幼儿能够与他人进行交流和互动,学习和理解社交规则和行为准则,学会与他人合作,解决冲突,培养合作精神。游戏还可以帮助幼儿表达情感和管理情绪,培养友谊和分享乐趣。

三、幼儿游戏的基本要素

(一)参与者

参与者是幼儿游戏的核心要素,是游戏的主体。参与者可以是单个幼儿,也可以是多个幼儿。在游戏中,参与者扮演不同的角色,并通过自主或互动合作来实现游戏目标。参与者之间的互动合作有助于培养社交技能、情感表达能力和解决问题的能力。

(二)游戏规则

规则是幼儿游戏的一个关键要素。规则定义了游戏的界限、行为准则和互动规范,提供了游戏的结构和秩序,以确保游戏的公平性和有序性。规则可以是事先约定的,也可以是在游戏过程中根据情景和需要设定的。规则可以是简单明确的,也可以是灵活多变的,视游戏类型和幼儿的发展水平而定。

(三)游戏目标

目标是幼儿游戏的另一个关键要素。目标定义了游戏的目的和期望的结果。可以有游戏内部的小目标,也可以有整个游戏的总目标。目标可以是个人的,也可以是团队的。通过设定目标,幼儿能够明确游戏的方向和期望的结果,激发他们的学习动力和参与积极性。

在游戏中,幼儿通过追求目标来获得成就感和满足感。他们可以学会设定目标、制订计划,并努力实现自己的目标。通过完成游戏目标,幼儿能够学习自我管理能力和解决问题的能力,培养坚持不懈的精神。

(四)游戏环境

游戏的环境是指游戏发生的地点和条件。环境可以是室内或室外的,也可以是特定的场所或区域。要根据游戏的要求设计和布置环境。提供适合的、安全的、有趣的幼儿游戏环境,可以促使幼儿积极参与游戏和进行探索。

(五)游戏道具

道具是指幼儿游戏中使用的玩具或工具等物品。道具可以是真实的物品,也可以是幻想出来的虚拟物品。道具的使用可以增加游戏的趣味性和体验感,激发幼儿的想象力和创造力。不同的道具可以启发幼儿进行不同的角色扮演和情景模拟，帮助他们理解不同的情景和应对不同的挑战。

（六）游戏时间

幼儿游戏时间的长短和分配可以影响游戏的进度和幼儿的参与程度。合理的时间安排可以保障幼儿充分融入情景，发挥想象力，锻炼专注力，提升参与兴趣。同时，有限的游戏时间也可以给幼儿增加一定的紧迫感，锻炼他们的抗压能力。

四、幼儿游戏的特点

幼儿游戏具有独属于自己的特点，这些特点反映了幼儿游戏与其他活动的区别。

（一）自发性和自主性

幼儿游戏具有自发性和自主性的特点。幼儿参与游戏是出于自己的意愿和兴趣，他们自发地选择游戏活动并自主地决定参与的方式和程度。幼儿通过自主选择和自主行动，表达自己的想法、情感和创造力。

（二）虚构性和想象性

幼儿游戏常常具有虚构性和想象力的特征。在游戏中，幼儿可以创造不同的角色、情景，并进行角色扮演。他们能够建立自己的虚拟世界，并通过想象和创造丰富游戏的内容和增强自己的体验，进而培养创新思维。

（三）目的性和导向性

幼儿游戏具有明确的目的性和导向性。游戏通常设定了一定的目标和任务，幼儿通过参与游戏来追求这些目标，并以此为导向进行游戏活动。目的性和导向性可以帮助幼儿理解游戏的方向，期望游戏的结果，激发他们的学习动力和参与积极性。

（四）规则性和结构性

幼儿游戏具有规则性和结构性的特点。游戏中通常存在一定的要求和规则，这些要求和规则为游戏提供了结构和秩序。幼儿需要理解、遵守游戏要求和规则，从而培养自制力、责任感和合作意识。规则性和结构性还有助于引导幼儿的决策和行为，培养他们的自我管理能力。

(五)社会交往性

幼儿游戏是幼儿情感表达和社交互动的重要活动。在游戏中,幼儿可以表达和体验各种情感,如喜悦、悲伤、愤怒和恐惧等。他们通过游戏的角色扮演和情景模拟来理解和处理情感,学会调控情绪。同时,游戏也为幼儿提供了与他人交流互动的机会,有利于培养幼儿的合作精神和解决问题的能力。

(六)运动性

在游戏中,幼儿可以通过奔跑、跳跃、爬行等身体活动来表达自己的情感,发展动作技能,锻炼身体的协调性,促进身体发展,甚至感知和了解世界。游戏中的身体活动也有助于幼儿释放能量。

(七)趣味性

幼儿游戏的最终目的是给幼儿带来乐趣和满足感。游戏的乐趣源于幼儿对自主选择、想象创造和身体运动的喜爱。通过游戏,幼儿能够获得情感上的满足、身体上的放松和认知上的发展。游戏的乐趣也能为幼儿带来满足感,激发幼儿积极探索和主动学习。

五、幼儿游戏与幼儿发展之间的关系

幼儿游戏与幼儿发展之间存在着密切的关系。游戏在幼儿的身心发展中起着重要作用,对他们的认知发展、情感发展、社交能力发展、身体发展等都有积极的影响。

(一)认知发展

幼儿游戏对幼儿的认知发展至关重要。在游戏中幼儿能够积极探索和学习,发展感知、观察、记忆、思考和解决问题的能力。他们通过游戏中的角色扮演和情景模拟,理解现实生活中的规则、关系和概念,获得生活经验,应对生活中遇到的问题。

(二)情感发展

幼儿游戏对幼儿的情感发展具有重要意义。在游戏中,幼儿可以表达和体验各种情感,如喜悦、悲伤、愤怒和恐惧等。他们通过游戏的角色扮演和情景模拟来理解和处理情感,学会情绪调控和表达。游戏还可以帮助幼儿建立自信心、培养自我认同感和和谐人际关系。游戏能够培养幼儿的情感认知能力和情绪管理能力，促进情感的发展。

（三）社交能力发展

幼儿游戏对幼儿的社交能力发展具有重要的推动作用。在游戏中，幼儿可以与他人进行交流和互动，学习和理解社交规则和行为准则，培养友谊和合作精神。通过游戏中的角色扮演和情景模拟，幼儿可以模仿成人的行为、语言，学习社交技能、情感表达方法和提升解决问题的能力。游戏中的合作和互助活动可以帮助幼儿理解他人的观点，学会尊重他人，培养团队合作精神和人际交往能力。

（四）身体发展

幼儿游戏对幼儿的身体发展有积极影响。在游戏中，幼儿可以通过奔跑、跳跃、爬行等身体活动来发展运动能力，增强身体的协调性和促进身体的发展，从而提升健康水平。

（五）生活技能发展

幼儿游戏是幼儿发展基本生活技能的重要途径之一。通过游戏，幼儿可以锻炼和提高语言表达能力、认识和解决问题的能力、自我管理和调节情绪的能力等。幼儿可以通过游戏体验和互动，理解现实生活中的挑战并学习应对挑战的方法。

任务二

幼儿游戏的分类

案例引入

场景比较:一是孩子们在户外进行接力跑比赛,二是孩子们在室内进行角色扮演游戏。前者是一种身体活动游戏,强调运动性和合作精神;后者则是一种想象游戏,侧重于社交互动和角色扮演。不同类型的游戏,对幼儿的发展有着不同的教育作用。

查找资料,了解幼儿游戏有哪些类型。

任务准备

1. 用物准备:不同的幼儿游戏视频,纸和笔。

2. 经验准备:通过理论学习了解幼儿游戏的概念和特点,到幼儿园去见习,了解幼儿园中开展了哪些类型的游戏活动。

工作表单

工作表单

分析讨论

扫码观看幼儿游戏视频,分析和讨论游戏的分类和对幼儿的意义。

游戏类型	具体游戏名称	对幼儿的意义

任务分析

了解幼儿游戏的类型，如构建游戏、角色扮演游戏、体育游戏等，学习各种游戏的特点和适用场合。

通过比较不同类型的游戏，理解每种游戏对幼儿发展的独特贡献，如对身体发展、社交技能发展、想象力和创造力发展等的作用。

尝试设计不同类型的幼儿游戏，加深对不同类型游戏的理解。

学习支持

一、常见的幼儿游戏

（一）认知发展游戏

1.练习性游戏

练习性游戏是一种旨在帮助幼儿练习和提高认知技能的游戏。这类游戏通常涉及思维、观察、记忆、分类、比较、解决问题和推理等认知活动。通过练习性游戏，幼儿能够逐步发展和提升自己的认知能力。

根据认知领域不同，可以将练习性游戏进一步分类，例如，观察力练习游戏、记忆力训练游戏、比较类游戏、推理游戏。

2.象征性游戏

象征性游戏是指一种通过模仿和创造来表达幼儿内心世界的游戏。例如，家庭角色扮演游戏、职业角色扮演游戏、虚构情景模拟游戏。在这类游戏中，幼儿可以扮演不同的角色，如父母、医生、老师、消防员等，模仿成人的行为和语言。他们还可以创设各种故事情节，在游戏中展示和表达自己的想法、情感和创造力。

3.结构游戏

结构游戏，又称建构游戏，是鼓励幼儿通过搭建、堆叠、组合和排列等方式来构建各种结构物的游戏。这些结构物可以由积木、磁棒、磁片、纸盒等材料组成。结构游戏能够培养幼儿的空间意识、手眼协调能力、问题解决能力和创造力等，着重在于培养幼儿的构建和组织能力，以及空间认知力和创造力。

4. 规则游戏

规则游戏是幼儿游戏分类中的一种，这类游戏通常有特定的目标和规则，参与者需要根据规则进行决策和行动。规则游戏能够帮助幼儿理解社会规范、行为准则等，并培养他们的自我控制能力、团队协作精神、决策力和执行力。规则游戏包括棋盘游戏、卡牌游戏、运动游戏、角色扮演游戏等。

（二）运动发展游戏

1. 基本运动技能游戏

基本运动技能游戏是幼儿运动发展游戏中的一种，是通过跑步、跳跃、投掷等动作来支持幼儿发展基本的运动技能和身体协调能力的游戏。如跑步游戏、跳跃游戏、投掷游戏、平衡游戏等，都可以培养幼儿的身体平衡性、协调性和灵活性，提高幼儿的运动能力和自信心。

2. 精细运动技能游戏

精细运动技能游戏是幼儿运动发展游戏中的一种，是通过手部活动和手眼协调来发展幼儿的精细运动技能的游戏。如握笔游戏、剪纸游戏、画画游戏、穿线游戏、拼图游戏等，旨在帮助幼儿掌握和运用各种手部技能，锻炼幼儿的精细动作。

3. 手眼协调游戏

手眼协调游戏是一种通过手部和眼部的相互配合来进行的游戏。这些游戏旨在帮助幼儿通过手眼协调进行精细运动控制。手眼协调游戏，可以锻炼幼儿手部和眼部的配合能力，提高幼儿的空间感知能力和视觉跟踪能力。抓捉游戏、投掷游戏、瞄准游戏、运动追踪游戏等都是属于这个类型的游戏。

（三）社交和情感发展游戏

1. 角色扮演游戏

角色扮演游戏是一种通过模仿角色来促进幼儿社交能力和情感发展的游戏。在这种游戏中，幼儿可以扮演不同的角色，如父母、老师、医生、消防员等，模拟成人的行为、语言、表情等。通过角色扮演游戏，幼儿能够理解不同社会角色的情感、职责等，体验和理解各种情景和角色之间的关系。根据情景不同，角色扮演游戏分为家庭角色扮演游戏、职业角色扮演游戏、虚构情景模拟游戏。

2. 合作游戏

合作游戏是社交和情感发展游戏中的一种，是指一种需要幼儿共同合作来完成任务或达到目标的游戏。这类游戏旨在培养幼儿的合作精神、团队意识和社交技能。通过合作游戏，幼儿能够学会与他人分享、交流，提升共同解决问题和完成目标的能力。团队建设游戏、集体追踪游戏等都属于合作游戏。

3. 表演游戏

表演游戏是一种通过创造角色、情景和故事情节，让幼儿展示和表达自己的想法、情感和创造力的游戏。在这类游戏中，幼儿可以扮演不同的角色，如演员、歌手、舞者等，展示他们的表演才能和创造力。表演游戏可以分为戏剧表演游戏、音乐表演游戏、舞蹈表演游戏等。

（四）社会性发展游戏

社会性发展游戏主要包括以下6类，其特点如图1-1所示。

1. 无所事事

无所事事并不是真正的社会性发展游戏，因为它并没有特别强调社交互动或社会性要素，没有特定目标或任务，幼儿只在自由的环境中自由玩耍和探索。这种游戏可以让幼儿发展自主性、创造力和想象力。

2. 旁观

旁观是社会性发展游戏的一种，指幼儿在游戏进行时选择观察其他幼儿的游戏活动，而不直接参与其中。这种游戏形式为幼儿提供了观察和学习他人行为的机会，促进幼儿社交认知和情感发展。

3. 单独游戏

单独游戏是社会性发展游戏的一种，指幼儿独自参与游戏过程，不需要其他人的参与或互动的游戏。这种游戏形式为幼儿提供了自主探索和独立思考的机会，同时也能促进幼儿的自我认知和情感发展。

4. 平行游戏

平行游戏是社会性发展游戏的一种，指幼儿在游戏中与其他幼儿同时进行各自的活动，但彼此之间并不直接互动或合作。这种游戏形式为幼儿提供了社交环境和机会，使他们能够观察和学习他人的活动，同时保持个人的自主性和探索性。

5. 联合游戏

联合游戏是几个幼儿同时参与，但在过程中没有分工，没有共同的目的的游戏。在这种游戏中，幼儿可以追求自己的兴趣爱好，并以个人的方式进行活动。联合游戏强调个人兴趣和个体发展，每个孩子可以根据自己的兴趣和喜好选择参与游戏的方式，可以充分发挥自己的想象力和创造力，选择自己喜欢的角色或行动方式。这种游戏也不需要幼儿遵循特定的规则或达成共同的目标。

6. 合作游戏

合作游戏是社会性发展游戏的一种，指的是幼儿通过团队合作来实现共同目标或完成共同任务的游戏。这种游戏形式为幼儿提供了合作和社交互动的机会，培养幼儿的合作能力、团队意识和社交技能。

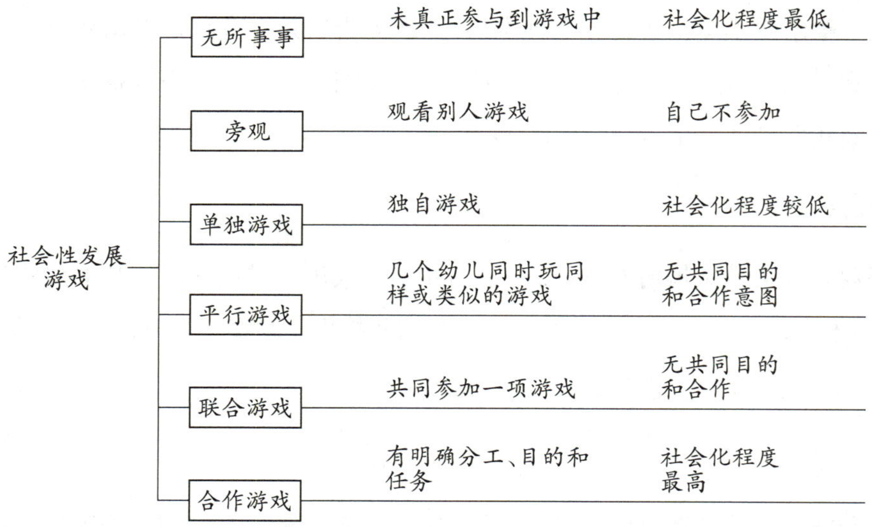

图 1-1　社会性发展游戏的分类

二、根据游戏的特定目标分类

（一）语言和沟通游戏

1.词汇和语音游戏

词汇和语音游戏是语言和沟通游戏中的一类，旨在帮助幼儿扩展词汇量、提高语音表达能力和加强语言沟通技巧。

2.对话和故事游戏

对话和故事游戏是语言和沟通游戏中的另一类，旨在帮助幼儿发展对话和故事叙述的能力，提升幼儿的语言理解能力、表达能力和沟通技巧。对话游戏、故事游戏通常有一定的故事情节和主题。

3.表达和表达理解游戏

表达和表达理解游戏是语言和沟通游戏中的另一类，旨在帮助幼儿发展语言沟通能力和理解他人语言的能力。这类游戏可以促进幼儿观察他人的表达方式、理解他人表达的意思，并提高自己的表达和理解能力。

（二）数学和逻辑游戏

1.数字和计数游戏

数字和计数游戏是数学和逻辑游戏中的一类，旨在帮助幼儿发展数字概念和计数技能。这类游戏有助于发展幼儿的数学思维、逻辑推理能力和问题解决能力。

2.模式和序列游戏

模式和序列游戏是数学和逻辑游戏中的另一类，旨在帮助幼儿发展模式和序列构建能力、逻辑思维能力、问题解决能力，提升思维的灵活性。

3.排序和分类游戏

排序和分类游戏是数学和逻辑游戏中的另一类，旨在帮助幼儿发展排序和分类的能力，提升逻辑思维能力、问题解决能力和概念形成能力。

(三)创造力和想象游戏

1.绘画和手工游戏

绘画和手工游戏是创造力和想象游戏中的一种,旨在帮助幼儿发展艺术创造能力和训练手工技巧。这类游戏可以增强幼儿的创造力、想象力和手眼协调能力。

2.建构和拼装游戏

建构和拼装游戏是创造力和想象游戏中的另一种,旨在帮助幼儿发展空间想象能力、问题解决能力,提升手部动作的协调性,增强幼儿的创造力、逻辑思维能力和空间认知能力。

3.角色和情景游戏

角色和情景游戏是创造力和想象游戏中的一种,旨在帮助幼儿发展角色扮演能力、情景想象能力和社会交往能力,增强幼儿的创造力、想象力和合作能力。

三、根据游戏的场所分类

(一)室内游戏

室内游戏是指在室内环境中进行的游戏活动,包括益智游戏、模拟和角色扮演游戏、创造和建构游戏等。

1.益智游戏

益智游戏旨在提升幼儿的认知、思维能力和问题解决能力。拼图游戏、迷宫游戏、数学游戏、字母游戏、指认游戏都是益智游戏。

2.模拟和角色扮演游戏

模拟和角色扮演游戏是室内游戏的一种,旨在发展幼儿的想象力、社会交往能力和情感表达能力。

3.创造和建构游戏

创造和建构游戏是室内游戏的一种,旨在促进幼儿的创造力、想象力和手眼协调能力的发展。如拼图游戏、积木游戏等。

（二）室外游戏

1. 约束和追逐游戏

约束和追逐游戏是室外游戏的一种，旨在发展幼儿的运动能力、社会交往能力和团队合作能力，增强幼儿的身体协调性、快速反应能力。约束游戏包括红绿灯游戏、冰冻游戏等，追逐游戏如捉迷藏等。

2. 团队运动游戏

团队运动游戏是室外游戏的一种，旨在促进幼儿身体的发展、协调能力的发展，增强幼儿的运动技能、社交技能和合作意识。跑步比赛、踢球比赛、拔河比赛、篮球对抗赛等都是团队运动游戏。

3. 探索自然游戏

探索自然游戏是室外游戏的一种，旨在促进幼儿对自然环境的认知、探索，以及培养环境保护意识，增强幼儿的观察力、好奇心和探索精神。如观察昆虫、认识植物、户外野餐、植物种植、保护环境等主题的游戏都属于探索自然游戏。

任务三

幼儿游戏的价值与意义

案例引入

在幼儿园里，老师组织孩子们进行了一次“小小消防员”的角色扮演游戏。通过这个游戏，孩子们不仅学会了火灾发生时的基本自救技能，还提高了团队合作意识。游戏在幼儿身心发展、社交能力提升、安全意识培养等方面都有重要价值。

分析不同幼儿游戏的教育价值和意义。

任务准备

1. 用物准备：不同的幼儿游戏视频，纸和笔。

2. 经验准备：在了解幼儿游戏的不同类型和不同游戏的作用的基础上，到幼儿园去见习，了解幼儿园中开展的各种游戏活动。

工作表单

工作表单

学习讨论

观看视频和阅读学习支持中的内容，结合所学内容开展幼儿游戏的教育作用的讨论活动，说一说幼儿游戏的教育作用。

任务分析

通过学习理论知识和实践案例，探讨游戏在支持幼儿社会性发展、情感发展、认知能力发展和语言能力发展方面的价值。参与幼儿游戏价值和意义的讨论活动，与同学或老师分享观点，开阔视野，增长知识。在幼儿园或相关活动中观察幼儿参与游戏的情况，分析游戏对他们的积极影响。

学习支持

一、游戏对幼儿认知发展的作用

（一）想象力和创造力的发展

游戏对幼儿的想象力和创造力等认知发展具有重要作用。想象力和创造力是幼儿认知发展中重要的组成部分。在游戏活动中，幼儿可以自由地想象和创造，表达自己的想法和感受。游戏提供了一个充满乐趣和创造性的环境，激发幼儿的想象力和创造力，并帮助他们发展独特的思维方式和表达能力。

（二）语言和沟通能力的提升

游戏对幼儿语言和沟通能力的提升具有重要作用。语言和沟通能力是幼儿认知发展中重要的组成部分。通过游戏，幼儿可以与他人进行交流，接触到丰富的语言。游戏提供了互动和社交的环境，能有效激发幼儿的语言表达能力和沟通能力，并帮助他们发展理解能力。

（三）认知能力和问题解决能力的培养

游戏对幼儿的认知能力和问题解决能力的培养具有重要作用。游戏还可以培养幼儿的逻辑思维、批判性思维和创新能力。

二、游戏对幼儿情感发展的作用

（一）自我认知和情绪管理能力的培养

游戏对幼儿的情感发展具有重要作用，其中一个方面就是培养幼儿的自我认知能力和情绪管理能力。在游戏过程中，幼儿通过与他人的互动、与物品的互动，认识、理解自己和他人的情绪、情感，管理自己的情绪，培养同理心和亲社会行为。

（二）合作与分享精神的培养

游戏有助于培养幼儿的合作与分享精神。比如多人角色扮演游戏、约束和追逐游戏等，都有利于培养幼儿的合作精神，培养幼儿分享自己的想法和情感的能力。

（三）自信心和自尊心的提升

游戏对幼儿的自信心和自尊心的提升具有重要作用。在游戏中，幼儿完成一定的目标，体验不同的情感，得到父母、老师等的夸奖后，会增加自信心，提升自尊心。

三、游戏对幼儿社交能力发展的作用

（一）社交技能和人际关系的培养

游戏可以帮助幼儿习得社交技能、学会处理人际关系的方法。游戏提供了互动和合作的环境，让幼儿能够进行交流、合作和竞争，从而学习社交技能。同时，在游戏中，幼儿需要倾听他人的意见、分享游戏资源，并理解他人的感受和需求等，这些过程能够让幼儿产生同理心，与其他孩子建立友谊，形成和谐人际关系。

（二）团队合作和竞争意识的培养

游戏对幼儿团队合作精神和竞争意识的培养具有重要作用。比如多人角色扮演游戏提供了合作的环境，让幼儿能够与其他孩子一起达成共同的目标和完成共同的任务，从而培养团队合作意识。又如比赛类游戏为幼儿提供了竞争的环境，幼儿通过参与游戏活动，可以培养竞争意识。

四、游戏对幼儿身体发展的作用

（一）运动技能和身体协调能力的提升

游戏对幼儿的运动技能和身体协调能力的提升有重要作用。比如，运动类游戏提供了一个让幼儿积极参与运动的环境，幼儿通过参与活动能够锻炼和提升自己的运动技能。同时，一些游戏还可以帮助幼儿发展身体的协调性和平衡能力，发展精细动作和手部协调能力。

（二）健康的生活习惯和生活方式的培养

游戏可以帮助幼儿养成健康的生活习惯，如参加体育运动类游戏，有助于幼儿增加食欲、保持良好的睡眠状态等，促进幼儿身心发展和形成良好的生活习惯。游戏还可以帮助幼儿养成良好的卫生习惯，比如通过参加角色扮演和情景模拟游戏，幼儿可以学会洗手、刷牙、洗澡等，并理解讲究卫生的重要性，培养卫生习惯。又如，通过设定游戏时间和规则，可以让幼儿了解合理安排时间和遵守规则的重要性，培养幼儿的时间观念和规则意识，有利于良好生活习惯的养成。

资料链接

福禄贝尔关于游戏的理论

德国教育家福禄贝尔，被公认为现代学前教育的鼻祖。他的儿童[①]游戏理论体系是他在儿童教育领域的重要贡献之一。这个体系包括一系列有组织的教育材料和活动，旨在促进儿童的身体、认知、情感发展。

福禄贝尔“恩物”（Froebel’s Gifts），指福禄贝尔为儿童设计的一系列教育材料。这些材料由各种彩色的球体、立方体、圆柱体等组成，可以用来训练儿童对空间、形体、运动、分解等的认识能力。

除了恩物，福禄贝尔还提出了一系列游戏和活动，被称为职业。这些职业包括折纸、剪纸、纺织、绘画、建模等手工艺活动，旨在培养儿童的精细动作技能、创造力和审美观。例如，儿童可以通过剪纸、折纸来制作各种形状的物品，训练手眼协调性和艺术创造力。

---

①本书中关于“幼儿”“儿童”的指称性表述，大都使用了“幼儿”，但针对年龄跨度较大的情况、援引著名教育家教育理论和学者观点的情况，从表意更全面和尊重原作者观点的角度考虑，使用了“儿童”。

福禄贝尔也强调户外活动和游戏的重要性。他认为自然界是儿童学习和成长的重要场所。户外游戏可以包括各种体育活动、植物观察、季节变化的感知等。通过户外活动，儿童可以锻炼身体、观察自然现象，并建立与自然的联系。

福禄贝尔认为社交互动对儿童的发展至关重要。他鼓励儿童参与合作游戏、角色扮演和故事讲述等活动，以培养他们的社交技能、合作能力和情感表达能力。这些游戏有助于儿童理解彼此的需求和情感，并学会与他人合作。

总的来说，福禄贝尔的儿童游戏体系强调通过自由玩耍、感知体验、手工艺活动、户外探索和社交互动来促进儿童全面发展的重要性。他设计的教育材料和游戏活动能很好地引导儿童主动参与学习，通过亲身经历来理解世界。这个体系为现代幼儿教育提供了有价值的教育原则和方法，成为现代幼儿教育的重要基石。

任务四

幼儿游戏的原则

案例引入

老师为幼儿设计了一个“寻宝游戏”，在确保安全的前提下，允许孩子们自由探索游戏区域，寻找隐藏的宝物，并鼓励孩子们分享他们发现的东西、在哪里发现的、怎样发现的等等。

查阅资料，并结合案例分析设计幼儿游戏时应坚持哪些原则。

任务准备

1. 用物准备：不同的幼儿游戏视频，纸和笔。

2. 经验准备：前期课程中了解到了幼儿游戏的概念和特点、分类和作用，在此基础上，到幼儿园去见习，了解幼儿园中开展了哪些游戏活动，老师是如何指导幼儿游戏的。

工作表单

工作表单 1

分析讨论

学习幼儿游戏理论知识，扫码观看幼儿园老师组织和指导幼儿游戏的视频，讨论分析视频里的老师是怎么指导幼儿游戏的，游戏体现了哪些原则。

工作表单2

构思设计

设计一个适合幼儿的游戏。确定游戏名称、游戏目标，说明游戏的规则和注意事项。

任务分析

通过分析游戏案例、视频，了解幼儿游戏的原则，学习如何在实践中应用这些原则，以及根据这些原则如何设计更有效、更安全的游戏。基于学习到的原则，设计一款幼儿游戏，进行小组讨论或实施，之后进行反思和评估，以完善游戏设计。

学习支持

一、游戏的自愿性原则

游戏的自愿性原则是指幼儿参与游戏活动应该是自愿的，没有任何强制性或压力。游戏的自愿性原则体现了尊重幼儿的自主权，让幼儿有权利选择是否参与游戏以及参与的方式和内容。当幼儿自愿参与游戏时，更能体现出他们的积极性和主动性，发挥他们的想象力和创造力，更加能够感受游戏的愉悦和乐趣，并且更容易与其他孩子建立合作关系和友谊。

二、游戏的乐趣性原则

游戏的乐趣性原则是指游戏应该具有吸引力，能引发幼儿参与的兴趣，激发幼儿的乐趣，满足幼儿的好奇心，让幼儿积极参与游戏和享受游戏的过程。游戏应该有适度的挑战性，当幼儿完成挑战任务后可以获得成就感和满足感。

三、游戏的适应性原则

游戏的适应性原则是指应根据幼儿的年龄、发展水平和个体差异，选择适合他们的游戏方式和内容。适应性原则能确保游戏可以最大限度地满足幼儿的发展需求，并促进其全面发展。兼顾了年龄适应性、发展适应性、兴趣爱好和个体差异适应性以及环境适应性等的游戏，可以为幼儿提供有益的体验和发展机会。

四、游戏的发展性原则

游戏的发展性原则是指为了促进幼儿的全面发展而制定的准则。适应幼儿的发展水平，有效激发幼儿的创造力和想象力、自主性和参与性、社交互动和合作性，确保安全性和适度性，体现多样性和综合性等，是游戏的发展性原则的核心元素。具备这些核心元素的游戏，可以成为促进幼儿发展的有益工具。

五、游戏的差异性原则

差异性原则强调要根据每个幼儿的个体特点和发展需求，提供适合其发展水平和兴趣爱好的游戏。尊重个体差异、适应发展水平、激发兴趣和动力、支持个体发展以及具备灵活性的游戏，可以促进幼儿的全面发展和提升其学习成就感。

六、游戏的包容性原则

包容性原则强调游戏应该为所有幼儿提供平等的参与机会，并满足他们的个体需求和特殊需求。提供平等参与的机会、满足个体需求、尊重多样性、支持特殊需求和培养积极情绪的游戏，可以促进幼儿的全面发展。

项目评价

主题	内容	优秀	良好	一般	较差	很差
学习态度	能积极、认真地完成阅读、讨论、分享等各项任务	5	4	3	2	1
专业知识	掌握幼儿游戏的内涵和分类,了解幼儿游戏的教育作用,理解幼儿游戏的原则	5	4	3	2	1
团队协作	积极参与小组讨论,对其他同学的发言能进行探讨分析并提出合理见解。能很好地融入课堂小组活动,完成小组任务,共同推进学习进程	5	4	3	2	1
沟通交流	能够清晰准确地表达自己的观点,与他人交流时态度、语气恰当	5	4	3	2	1
实践应用	能根据幼儿游戏的特点正确指导幼儿开展游戏活动	5	4	3	2	1
自我小结						

项目小结

学习幼儿游戏的内涵、分类、价值与意义以及原则之后,我们深刻理解到,游戏是幼儿成长和学习的基石,它的价值远远超出了娱乐功能,是促进幼儿身体发展、社交能力发展、认知能力发展和情感表达能力发展等的重要手段。游戏可以分为多种类型,包括构建游戏、角色扮演游戏和规则游戏等,每一类都在幼儿的发展中扮演着独特的角色,帮助幼儿在不同领域实现发展,促进幼儿成长。通过游戏,幼儿能够探索世界、实践社交技能、发展解决问题的能力,并在快乐的氛围中学习新知识和新技能。幼儿游戏的设计和实施需要遵循一系列原则,以增强游戏的科学性、趣味性、实践性等,促进幼儿全面发展。

直通赛证

一、选择题

1.认为“游戏是为未来生活做准备”的游戏理论是(　　)。

A.生活预备说　B.剩余精力说　C.复演说　D.松弛说

2. 幼儿反复敲打桌子，在房间里跑来跑去，在椅子上摇来摇去。这类游戏属于(　　)。

A. 结构游戏　　B. 象征性游戏　　C. 规则游戏　　D. 机能性游戏

3. 幼儿最早参与的游戏类型是(　　)。

A. 练习性游戏　　B. 规则游戏　　C. 结构游戏　　D. 角色游戏

4. 幼儿园小班的同一个“娃娃家”游戏中，常常出现多个幼儿“妈妈”在做饭的场景，每位“妈妈”都感到很满足。这反映了小班幼儿游戏行为的(　　)特点。

A. 喜欢模仿　　B. 喜欢合作　　C. 协调能力差　　D. 角色意识弱

5. 关于自发性游戏的正确观点是(　　)。

A. 幼儿园游戏不包括自发性游戏

B. 自发性游戏不需要老师指导

C. 老师组织的游戏比自发性游戏有价值

D. 自发性游戏具有多种教育价值

二、简答题

简述游戏对幼儿发展的作用。

三、论述题

幼儿园集体教学活动与幼儿园游戏活动的含义分别是什么？试述两者的区别与联系。

四、材料分析题

请根据下图，分别分析2岁幼儿和4岁幼儿的游戏特点。结合游戏特点，谈一谈该案例对指导游戏活动的启示。

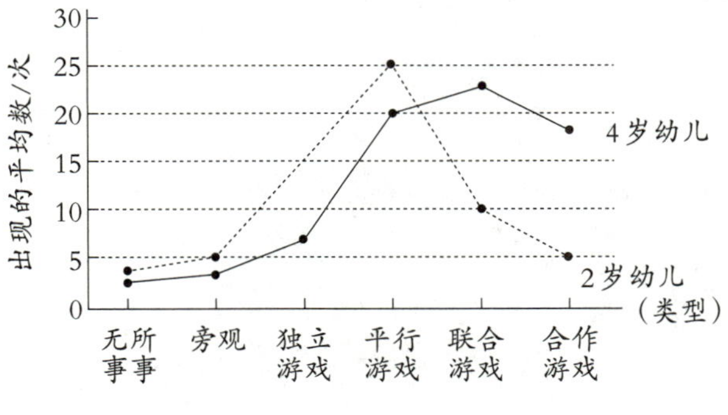

实践实训

观看幼儿园老师指导幼儿游戏的视频，能分析出游戏遵循了哪些原则或者违背了哪些原则。

推荐阅读

[1]王海英，等．儿童视野的幼儿园环境创设[M]．北京：人民教育出版社，2019.

[2]赵春梅．幼儿园室内区角活动场地设计[M]．天津：天津教育出版社，2019.

[3]赵海燕，张益丽，王胤敏，等．幼儿园环境创设案例与分析[M]．杭州：浙江大学出版社，2020.

项目二

幼儿游戏环境创设

学习目标

知识目标

1. 了解幼儿游戏物质环境创设和精神环境创设的含义；

2. 知道幼儿游戏物质环境创设和精神环境创设的重要性。

技能目标

1. 能根据幼儿游戏物质环境创设要点进行实践创设；

2. 能根据幼儿游戏精神环境创设要点进行实践创设。

素养目标

1. 对幼儿充满爱心、耐心和责任心，热爱本职工作；

2. 培养创设游戏环境的主动性和积极性，主动提升实践技能。

学习重难点

学习重点

1. 了解幼儿游戏物质环境创设和精神环境创设的含义；

2. 理解幼儿游戏物质环境创设和精神环境创设的重要性；

3. 掌握幼儿游戏物质环境创设和精神环境创设的要点。

学习难点

1. 合理开展幼儿园游戏环境创设活动，及时有效处理游戏活动过程中的突发状况；

2. 对幼儿游戏环境创设活动的案例进行分析，提出建议。

思维导图

- 幼儿游戏环境创设
  - 幼儿游戏物质环境创设
    - 幼儿游戏物质环境创设的含义
    - 幼儿游戏物质环境创设的重要性
    - 幼儿游戏物质环境创设的原则
  - 幼儿游戏精神环境创设
    - 幼儿游戏精神环境创设的含义
    - 幼儿游戏精神环境创设的重要性
    - 幼儿游戏精神环境创设的要点

任务一

幼儿游戏物质环境创设

案例引入

星星在“娃娃家”抱着“宝宝”,给宝宝找衣服穿。她在柜子里翻了半天,都没找到合适的,但看见旁边的盒子里有一堆五颜六色的拉花,就用拉花给宝宝做新裙子,还对宝宝说:“这件衣服好不好看呀?”“好看吧。”“那就穿这个吧!”这时,在绘画区的亮亮拿着自己的画走了过来,他看见宝宝身上的拉花衣服说:“这个不好看,把我画的衣服剪下来给宝宝穿上吧!”星星说:“不要,宝宝觉得拉花裙子好看。”两个人因意见不同于是拉扯着宝宝争执了起来,李老师赶紧过来把两人分开,并告诉他们:“这样会把宝宝弄疼的,宝宝的衣服可以有很多,我们可以一件一件给她穿。”

结合案例中的“换装”,分析李老师的介入时机是否合适?说一说星星和亮亮提供的新衣服有什么特点,在环境创设中有什么作用。

任务准备

1.内容准备:明确需要讨论的主题与内容。

2.人员准备:6—8人为一组,选定小组长,小组成员进行分工。

3.用物准备:幼儿游戏物质环境创设视频、纸和粉笔。

4.经验准备:了解幼儿园物质环境创设的作用,在见习过程中观摩幼儿园物质环境创设的特点。

5.地点准备:选择讨论的地点和确定座次顺序。

工作表单

工作表单1

视频分析

扫码观看幼儿游戏物质环境创设视频，分析幼儿游戏物质环境创设的作用。

工作表单2

案例分析

毛毛在幼儿园开展的游戏活动中不主动与其他幼儿互动，当其他小朋友找他玩时，毛毛依然对小朋友不理不睬，拒绝合作。但是，回到家后毛毛能很好地与父母进行互动游戏，玩得不亦乐乎。倩倩老师为了使毛毛更快地融入集体，频繁介入游戏，并让毛毛和其他小朋友一起进行游戏。

1. 请分析毛毛行为产生的原因以及对其发展的影响。

2. 讨论倩倩老师的做法是否正确，为什么？

工作表单3

思考总结

独立思考并总结良好的幼儿游戏物质环境创设的重要性和要点。

物质环境创设的重要性	物质环境创设的要点

任务分析

本次任务的学习重点是了解幼儿游戏物质环境创设的含义、重要性以及对幼儿成长的影响。老师应对幼儿充满爱心、耐心和责任心，合理开展幼儿游戏环境创设活动，并有效处理幼儿园游戏活动过程中的突发状况。

学习支持

《3—6岁儿童学习与发展指南》指出，“要珍视游戏和生活的独特价值，创设丰富的教育环境，合理安排一日生活，最大限度地支持和满足幼儿通过直接感知、实际操作和亲身体验获取经验的需要”。《幼儿园教育指导纲要（试行）》中明确提出：“环境是重要的教育资源，应通过环境的创设和利用，有效地促进幼儿的发展。”

幼儿老师应高度重视幼儿游戏环境创设对幼儿健康成长的重要作用，为幼儿创设丰富的游戏环境，激发幼儿参与游戏活动的主动性、积极性，让幼儿在游戏中自由探索、自主学习、积极思考，促进幼儿全面发展。

一、幼儿游戏物质环境创设的含义

《幼儿园工作规程》中明确要求，“在正常情况下，幼儿户外活动时间（包括户外体育活动时间)每天不得少于2小时,寄宿制幼儿园不得少于3小时”。幼儿园要尽可能地满足幼儿多样性游戏的需要,并为幼儿营造良好的游戏环境。

(一)环境

环境是指个体生活的所有外部条件的总和,包括自然环境和社会环境。自然环境与社会环境是两个相对的概念。自然环境是由水土、地域、气候等自然事物所形成的环境。社会环境主要指人与人在交往过程中形成的联系,是政治、经济、文化、教育、科技、卫生、信仰、价值观、风俗习惯、生活方式、行为规范等的统称。环境对人的情绪情感和行为方式有很大的影响。

(二)游戏环境

游戏环境是指为幼儿游戏活动所提供的条件。幼儿园的游戏环境按照空间关系,分为户内环境和户外环境。

(三)幼儿游戏物质环境

幼儿游戏物质环境有广义和狭义之分。广义的幼儿游戏物质环境是指对幼儿游戏活动产生影响的一切天然环境、人工创造设计的环境。狭义的幼儿游戏物质环境是指幼儿园内对幼儿身心发展有影响作用的人工构建的游戏场所,如区角的环境设施、装饰品和可操作的玩教具及幼儿创作的手工作品等。幼儿游戏物质环境创设属于一种显性的幼儿园教育。

(四)幼儿游戏物质环境创设要点

根据幼儿园游戏分类不同,游戏场地建设和环境创设的要求也有所不同。具有创造性、趣味性、可操作性的游戏环境对幼儿自主思考、分工合作、良好行为习惯养成有着重要意义,老师要学会抓住幼儿的“兴趣点”,为幼儿提供丰富的、可创作的、可操作的、安全的游戏工具,营造良好、轻松的游戏环境,充分发挥幼儿的能动性和创新力,促进幼儿主动参与游戏,让幼儿喜欢游戏。

二、幼儿游戏物质环境创设的重要性

幼儿游戏物质环境创设应立足于幼儿身心发展规律,围绕幼儿健康教育、社会教育、语言教育、科学教育、艺术教育等五大领域,由幼儿老师根据幼儿园特色化建设内容和一日活动进程进行。

(一)能够帮助幼儿更便捷地进行游戏活动

幼儿在游戏活动中会通过观察、接触等方式感知外界事物,通过亲身经历来获知信息,在探索自身与材料之间、材料与材料之间的关系中进行尝试性学习。丰富多彩且具有创新性的游戏物质环境能够让幼儿更方便地进行游戏活动,帮助幼儿体验不同的角色和情感,提高幼儿的组织能力、语言表达能力和行动力等,增加幼儿的游戏体验感和成就感。

(二)能够激发幼儿游戏的主动性和积极性

幼儿园老师为幼儿营造良好的游戏物质环境,如游戏空间足够大,游戏主题新颖,玩教具色彩鲜明、多样,材料安全卫生等,幼儿的主动性、积极性会被很好地激发出来,认知能力、语言能力、社交能力等也会因此得到发展。在幼儿园教育教学过程中,老师充分利用园内基础设施设备,对其进行装饰、布置、美化、改造等,可为幼儿创造出丰富的物质环境,为幼儿营造轻松、自由、和谐的游戏氛围,有效推进教学进程。

(三)能够锻炼幼儿的思维能力

人的思维发展可以分为三个阶段,即感知动作思维阶段、具体形象思维阶段、抽象逻辑思维阶段。幼儿阶段以感知动作思维为主,幼儿最初的动作是漫无目的的,之后在听、看、玩的过程中,了解听、看、触摸等活动和结果之间的关系,并建立事物与思维之间的联系,获得知识。

依据幼儿的兴趣爱好和发展特点创设游戏物质环境,吸引幼儿在游戏过程中多听、多观察、多参与,可以提高幼儿的认知,训练他们的思考能力和反应能力。

综上所述,良好的幼儿游戏物质环境能够帮助幼儿更方便地进行游戏活动,激发幼儿游戏的主动性和积极性,提高幼儿的思维能力。因此,幼儿园老师和家长应该重视幼儿游戏物质环境创设,根据幼儿兴趣和个体差异开展游戏活动,满足幼儿的游戏需要。为幼儿提供健康、快乐、充满挑战的游戏物质环境,有利于幼儿在游戏过程中学习并成长。

三、幼儿游戏物质环境创设的原则

在创设幼儿游戏物质环境时，要注意创设的环境应与教育目的相一致，选取的材料应具备安全性，应与幼儿身心发展相适宜，而且创设的环境应具有开放性。同时使用半成品玩教具，循环利用废旧物品，可以让游戏环境创设更具经济性。基于此，幼儿游戏物质环境创设需要坚持以下几个原则。

（一）目标一致性原则

幼儿游戏环境创设是幼儿园课程的组成部分。进行环境创设，应充分考虑其教育性，应使环境创设目标与幼儿教育目标相一致。同时要根据日主题、周主题、月主题和学期主题适时调整幼儿游戏环境创设方案。

（二）安全性原则

游戏活动中选用的材料要符合幼儿的年龄特点，要确保材料的安全性。幼儿或因认知能力不强，或因好奇，在游戏中通常会做出捏、拿、摸、撕、咬、拆分、组合玩教具等动作，玩教具的材质、大小、重量等都应具备安全性。因此，幼儿游戏环境创设需要坚持安全性原则。

（三）适宜性原则

幼儿的动作、语言、认知、情绪、社会性等发展具有很强的可塑性，幼儿游戏环境创设应与幼儿的兴趣爱好和身心发展需要相适宜，游戏环境应有利于促进幼儿身心健康。

（四）开放性原则

开放性原则是指创设幼儿游戏环境时，不仅要考虑幼儿园内的情况，也要重视幼儿园外部要素。幼儿园应与家庭、社区、专业机构等合作，取长补短，营造开放的教育环境，协同一致地影响和教育幼儿。此外，幼儿游戏物质环境布局应科学合理，体现开放性。

（五）经济性原则

创设幼儿游戏环境应考虑幼儿园自身的经济条件，在确保卫生安全的情况下，对半成品、废旧物品加以循环使用，依据教育目标和教育主题、教育内容选用玩教具、装饰物，做到不浪费。同时，就幼儿园大环境建设来说，应根据所在区域的地域性、民族性，因地制宜地办园。

任务二
幼儿游戏精神环境创设

案例引入

在今天的区域游戏活动中，幼儿小玲和小珑选择了益智区，并商量着要一起搭建房子。分工后，小玲拿着一根细长的积木比画了几下，小珑看了看小玲，又看了看积木，递了一块较小的正方体积木给小玲，小玲问："是用来做茶几吗？"小珑说："不是，这是洗衣机！"小玲说："我要做一个茶几，你帮我拿四块薄薄的长方体积木吧。"

结合案例，小组讨论小玲在游戏环境创设中起到了什么作用，性格特征是什么？

任务准备

1. 内容准备：明确需要学习的主题与内容。

2. 人员准备：10人为一个小组，选定小组长，小组成员进行分工。

3. 用物准备：课件、教案、纸和粉笔。

4. 经验准备：了解幼儿游戏精神环境创设的作用，在见习过程中观摩幼儿园精神环境创设情况。

5. 地点准备：选择学习地点和确定座次顺序。

工作表单

工作表单1

案例分析

莉莉和小娟一起做游戏，她们想让5个娃娃睡觉。但是没有小床，于是找到了3个盒子做小床。莉莉说："床不够。"小娟挑出2个留着长头发的娃娃说："她们长大了，不需要睡午觉。"然后将剩下的3个娃娃中最大的一个放在了最大的盒子里，试图把中等大小的娃娃放在最小的盒子里，但放不进去。于是莉莉说："换一换吧！"然后将中等大小的娃娃放在中等大小的盒子里，最小的娃娃放在最小的盒子里。最后她们一起给娃娃道了午安，让娃娃们好好睡觉。

1. 请分析上述材料中莉莉和小娟的行为。

2. 请分析老师应当如何支持莉莉和小娟的游戏活动。

工作表单2

思考总结

独立思考，总结幼儿游戏精神环境创设的重要性和主要作用。

精神环境创设的重要性	精神环境创设的主要作用

工作表单3

案例分析

在幼儿园主题教学活动中，个别幼儿比较好动，注意力不集中，一会儿举手要求上厕所，一会儿玩画笔，一会儿与邻座的小伙伴说话。为了集中这些幼儿的注意力，小雪老师针对性地对他们进行提问，并给予一定的认可和赞扬。

1. 你认为小雪老师的做法正确吗,为什么?

2. 如果你是教学老师,你会怎么做?

工作表单4

案例分析

鸿鸿和浩浩来到了科学区,很高兴地告诉周老师他们要搭建很高的轨道。周老师说:“加油吧,我很期待看到你们的作品哦!”浩浩搬来椅子,拿来轨道,然后说:“我们靠着椅子背搭建轨道吧。”于是鸿鸿扶着轨道,浩浩搬轨道支架——积木。很快第一条轨道就搭好了,他们看着搭建好的轨道开心地笑了。然后他们继续搭建第二条、第三条……用来建构轨道支架的积木很快就用完了。

浩浩跑过来问周老师:“周老师,每个活动区的材料都可以用吗?”周老师肯定地告诉她:“是的。”于是,他们开始寻找材料。鸿鸿从美工区拿来了几个大小高矮不同的纸筒。他们把纸筒排开架轨道,结果轨道还没有架成,纸筒就倒了下去。浩浩在蹲下捡纸筒的时候,发现了旁边玩具柜上盛珠子的盒子。他们决定用盒子当支架。鸿鸿拿来五个盒子摞在一起,将轨道架上去,可他们发现五个盒子高了,就拿下来一个,再一比又矮了。浩浩便从筐里找来了小方块积木,放在盒子上,一试还是矮一点儿。他们开始思考解决的办法。鸿鸿对浩浩说:“我有办法了。”说着便跑到美工区拿来剪刀,捡起地上的一个纸筒,在轨道和盒子之间比了比,就用剪刀开始剪。他将剪好的纸筒放了上去,刚好合适,经过努力一条轨道终于搭好了。

1. 当鸿鸿和浩浩发现科学区的材料不齐备时,周老师便同意他们去活动室搬椅子,使用美工区的纸筒和剪刀,并且还鼓励他们一起努力搭建轨道。请同学们讨论周老师的引导方法是否正确,并说明理由。

2. 请说一说鸿鸿和浩浩在游戏中获得了哪些体验。

任务分析

了解幼儿游戏精神环境创设的含义、重要性以及对幼儿成长的作用;结合案例,学习开展幼儿游戏精神环境创设活动,并有效处理幼儿园游戏活动过程中的突发状况。

学习支持

环境在幼儿教育过程中扮演着隐性教育者的角色,对幼儿全面发展起着重要作用。良好的游戏环境有利于幼儿体验合作、分工、快乐等,学习知识、锻炼思维、培养品格,促进身心和谐发展。

一、幼儿游戏精神环境创设的含义

(一)幼儿游戏精神环境创设的含义

幼儿游戏精神环境创设有广义和狭义之分。广义的幼儿游戏精神环境创设是指为幼儿学习和成长创设良好的社会环境,关注幼儿心理和情感,并使其保持良好状态。狭义的幼儿游戏精神环境创设是指幼儿园为幼儿营造一种积极、健康、丰富的,能够让幼儿在“做中学”“玩中学”的游戏氛围,主要包括文字、图画、音乐、舞蹈、表演等多形式、教育性的游戏表达方式。幼儿游戏精神环境创设属于幼儿园中的一种隐性教育。

(二)对幼儿游戏精神环境创设的认识

幼儿游戏精神环境影响着幼儿游戏心理、游戏动机和游戏意愿,在游戏前,教会幼儿游戏知识,培养幼儿良好的游戏兴趣,激发幼儿参与游戏的主动性等都是精神环境创设的主要内容。

二、幼儿游戏精神环境创设的重要性

(一)能够促进幼儿心理健康发展

幼儿园老师为幼儿营造愉悦、自由、平等的游戏精神环境,有助于幼儿建立积极

向上的心态，形成良好的意志品质，提高心理承受能力。相反，幼儿长期处在压抑、紧张的环境中，会产生负面情绪和心理问题。幼儿学前教育阶段的活动场所主要集中在幼儿园与家庭，与家庭环境相比较，幼儿园能够为幼儿提供更多的学习资源、与小朋友交往的机会，这些资源和机会对幼儿的影响更大更直接，因此，幼儿园应注重创设良好的游戏精神环境，促进幼儿身心健康发展。

（二）能够提高幼儿的社交能力

在幼儿园游戏过程中，幼儿可以通过与同伴之间的互动交流，逐渐学会如何解决争执、如何尊重他人、如何分享以及如何分工合作等社交能力。如某幼儿园中二班的周活动主题是“谦让”，班级主题墙绘制有“孔融让梨”的故事画，老师可以引导幼儿在观察中发现、体会、感受和总结，深化对“谦让”一词的理解。

基于幼儿兴趣爱好、社会性发展需求建立的精神环境，可以让幼儿感受到被爱、被尊重、被接纳和被理解，从而培养自信、乐观的意志品质。同时，良好的游戏精神环境还有利于幼儿同理心的培养，帮助幼儿学会感同身受、尊重他人，不断提高幼儿社会交往能力。因此，良好的游戏精神环境可以帮助幼儿更好地融入集体，提高幼儿的社会适应能力。图2-1为幼儿合作进行游戏的图片展示。

图2-1 “五彩缤纷的鸡蛋”幼儿合作游戏

（三）能够增强幼儿的创造力和想象力

幼儿游戏精神环境的创设应该有利于发挥幼儿的创造力和想象力。在幼儿园游戏中，幼儿可以自由地发挥自己的想象力和创造力，尝试不同的游戏角色和体验不同的游戏情景，探索知识领域的奥秘，通过观察、体验和总结，不断提升独立思考能力和解决困难的能力。

幼儿身心健康发展不只是幼儿园老师的事，需要幼儿园、家庭和社区等共同努力，齐心协力为幼儿创设充满爱、被尊重和受支持的精神环境。同时，幼儿园老师要关注幼儿的兴趣和特点，在游戏中给予幼儿足够的安全感，让幼儿愉悦地进行游戏体验。

综上所述，良好的幼儿游戏精神环境可以促进幼儿的身心健康发展、提高幼儿的社交能力、增强幼儿的创造力和想象力。因此，幼儿园老师和家长等应该重视幼儿游戏精神环境的创设，为幼儿提供一个健康、快乐、充满挑战的游戏环境，让幼儿喜欢游戏，在游戏中茁壮成长。

三、幼儿游戏精神环境创设的要点

人生百年，立于幼学。环境对幼儿的影响是潜移默化的，幼儿比成年人更需要充满友爱信任、尊重的生活环境。幼儿老师要有爱心、耐心和责任心，关心幼儿、了解幼儿，与幼儿建立良好的师幼关系，保护幼儿的自尊心和好奇心，引导幼儿主动参与游戏；幼儿老师应科学处理游戏过程中的突发事件，紧紧围绕教育目标，发挥想象力，营造“人人友善，人人有爱”的精神环境。

（一）建立良好的师幼关系

幼儿园是幼儿健康成长的第二场所，老师几乎一整天和幼儿生活在一起，老师的行为举止会潜移默化地影响幼儿，因此，老师要用心去了解幼儿、关爱幼儿，要用科学的教育理念和方法教育和影响幼儿，用人格魅力拉近与幼儿的距离，让幼儿信任和依赖自己，建立良好的师幼关系。

（二）尊重和保护幼儿

个体在不同的发展阶段会呈现不同的特点，幼儿老师要遵循幼儿发展规律，针对幼儿发展特点来开展游戏活动，尊重幼儿、关心幼儿、保护幼儿，在游戏中，用正确的策略和方法引导和教育幼儿，激发幼儿的求知欲，培养幼儿的自信心。

（三）满足幼儿的好奇心

好奇心是人的一种可贵品质和积极心态，更是学习的基础。好奇心的外在体现是注意、操作、提问等。幼儿因为年龄小，思维水平、知识储备、生活经验等比较有限，所以好奇心强烈，通常通过触摸、品尝、提问等探索周围的世界，由此获得知识和经验。幼儿老师应有针对性地创设环境，对幼儿进行引导，激发幼儿的求知欲，满足幼儿的好奇心，增加他们的参与体验感，促进幼儿不断成长。

（四）激发幼儿的主观能动性

幼儿在游戏中始终保持自由选择、自由表达、自由行动的状态就是发挥主观能动性的一种体现。游戏教学中老师要创设良好的精神环境，激发幼儿参与游戏的主动性，让幼儿在参与中主动思考，在游戏中自觉行动。

项目评价

主题	内容	优秀	良好	一般	较差	很差
学习态度	能够积极、认真地完成阅读、讨论、分享等各项任务	5	4	3	2	1
专业知识	掌握幼儿游戏物质环境创设和精神环境创设的重要性，熟悉幼儿游戏物质环境创设和精神环境创设对幼儿成长的作用	5	4	3	2	1
团队协作	能够积极参与讨论，思维清晰，对其他人的发言能进行理性分析和提出合理见解。能很好地完成小组任务，共同推进学习进程	5	4	3	2	1
沟通交流	能够清晰准确地表达自己的观点，与他人交流时态度、语气恰当	5	4	3	2	1
实践应用	能够根据幼儿年龄特点、发展需要等营造良好的游戏环境，进行幼儿游戏环境创设观察与指导，引导幼儿分工合作	5	4	3	2	1
自我小结						

项目小结

本项目主要讲解了幼儿游戏物质环境创设和精神环境创设的含义、重要性以及环境对幼儿成长的影响。幼儿老师应当对幼儿充满爱心、耐心和责任心，合理开展幼儿游戏环境创设活动，并有效处理幼儿园游戏活动过程中的突发状况。

直通赛证

一、选择题

1.幼儿园环境分为物质环境和(　　)。

A.社会环境　　B.精神环境　　C.城市环境　　D.局部环境

2.郑老师收集矿泉水瓶、报纸、纸箱、塑料绳等材料，并将它们改造成适合幼儿游戏的教学材料。郑老师行为具有(　　)。

A.环境创设的能力　　B.随机教育的能力

C.教学反思的能力　　D.教学生成的能力

3.在良好的教育环境下，5—6岁幼儿能集中注意力(　　)。

A.5分钟　　B.10分钟　　C.15分钟　　D.7分钟

4.关于幼儿游戏活动区的布置，说法正确的是(　　)。

A.将以阅读为主的图书区与娃娃家设在一起

B.自选游戏环境的创设是由老师进行的

C.可在积木区提供一些人偶、小动物布艺玩具、交通工具模型等辅助材料

D.娃娃家应该是完全敞开式的，让每个人都能看到里面的东西

5.幼儿园环境创设中，使用易于识别的生活行为规则标识图的主要目的是(　　)。

A.美化环境　　B.便于幼儿看图说话

C.便于幼儿认识各种符号　　D.便于幼儿习得生活技能和行为准则

二、材料分析题

1.中班角色游戏中，有幼儿提出要玩“打仗”游戏。他们从材料柜里找出玩具吹风机当“手枪”、仿真灯箱当“大炮”，“哒哒哒”地打了起来，玩得不亦乐乎。李老师看到此情景非常着急，连忙阻止：“这是理发店的玩具，不能这样玩。”

(1)李老师的阻止行为是否合适？请说明理由。

(2)如果你是教学老师,你会怎么做?

2.老师为幼儿制作了一个玩具灶,投放了羽毛、棉花、小木棒、乒乓球、扇子等不同材质的物品,让幼儿猜测哪些物品能被风吹起来并进行验证。

小牛猜想羽毛和棉花能飞起来,就开始扇风,结果发现它们确实能飞起来,他使的劲儿大了,发现乒乓球也能飞起来了。一直在旁观的小雷惊讶地说:“原来用劲儿扇,乒乓球也能飞起来呀!”

玩具灶

游戏中小牛、小雷都在学习吗?请说明理由。

实践实训

一、结合下列材料,指导幼儿进行游戏活动,并记录指导方法和过程,以及幼儿的游戏体验。

电子积木是由导线、灯泡、风扇、太阳能电池等材料组成的一套玩具。每种材料又有4—5种不同的型号。电子积木同时配有专门的图例,图例由浅至深,幼儿可以根据图例快速拼装出各种趣味电路,灵活运用手控、磁控、光控、触摸等多种控制方式进行控制,非常适合大班幼儿自主、合作使用。

《3—6岁儿童学习与发展指南》中明确提出,要“多为幼儿选择一些能操作、多变化、多功能的玩具材料或废旧材料,在保证安全的前提下,鼓励幼儿拆装或动手自制玩具”。本套电子积木就非常符合指南中“科学”领域的教育要求,整套材料融合了知识性、趣味性、实用性等特点,幼儿通过电路拼装,可以很快地掌握很多电路知识和技巧,为探索奇妙的电子世界奠定基础。

同样，对于幼儿来说，在与他人合作进行电子积木游戏的过程中，可以提升人际交往能力、语言表达能力和自我认知能力等，锻炼动手能力、协调能力、创造能力、空间想象能力等。

二、以下是幼儿教师指导幼儿运用排列、组合、连接、拼插等技能，完成建构游戏“天安门”的搭建的指导方法和过程记录。结合下列材料谈谈，如果由你来指导游戏，你会如何做，游戏过程中需要培养幼儿的哪些品质？

搭建游戏指导

1. 指导过程和方法：

(1)首先老师出示天安门图片，请幼儿仔细观察，了解天安门的结构特征，学会运用排列、组合、连接、拼插等技能搭建天安门。

(2)老师介绍游戏规则，游戏将分组进行，比一比哪组搭得又快又好。

(3)将幼儿分成5个小组，各个小组可自行讨论搭建方法与技巧，小组内合理分工后，开始进行搭建。

(4)各个小组可自行发挥想象力进行搭建，老师巡回指导，必要时给予幼儿帮助。

(5)作品搭建完之后，请各小组互评，老师再评价，最后让幼儿自行投票选出他们认为最好的一个天安门作品。

2. 注意事项：

(1)在整个建构过程中，幼儿不能损坏积木，不能与其他幼儿发生争执。

(2)进入建构区的幼儿需要严格遵守游戏规则，不能故意毁坏其他幼儿建构的作品。

(3)在建构区中，幼儿应积极合作、明确分工，学会分享和谦让，保持良好的伙伴关系。

三、分析下面案例，说说幼儿可以从中获得哪些经验？

几个幼儿正在玩游戏，他们把竹槽连接起来形成一个有坡度的“桥”，想让乒乓球从桥头开始沿竹槽滚动，然后落在一定距离外的竹筒里。游戏过程中，他们遇到了很多困难，如球从竹槽连接处掉落，竹槽连成的桥太陡球怎么也落不到竹筒里等等。他们不断努力，终于让球滚到了竹筒里。

推荐阅读

[1]王海英,等.儿童视野的幼儿园环境创设[M].北京:人民教育出版社,2019.

[2]赵春梅.幼儿园室内区角活动场地设计[M].天津:天津教育出版社,2019.

[3]赵海燕,张益丽,王胤敏,等.幼儿园环境创设案例与分析[M].杭州:浙江大学出版社,2020.

[4]杨坤婕.环境创设与利用:环境不是装饰品[M].南京:南京师范大学出版社,2023.

项目三

幼儿角色游戏的组织与指导

学习目标

知识目标

1. 知道幼儿角色游戏的概念、特点、教育价值；

2. 掌握不同年龄班幼儿角色游戏组织与指导要点。

技能目标

1. 能根据幼儿年龄特点等创设角色游戏环境，制订活动方案；

2. 能对幼儿角色游戏进行观察与评价；

3. 能正确指导幼儿角色游戏活动。

素养目标

1. 充分认识幼儿角色游戏的重要性，并积极进行相关知识储备；

2. 对幼儿有爱心、耐心，对工作有热情。

学习重难点

学习重点

1. 幼儿角色游戏的概念和特点；

2. 不同年龄班幼儿角色游戏的指导要点；

3. 幼儿角色游戏的评价。

学习难点

1. 根据幼儿发展需求制订角色游戏活动方案；

2. 正确评价、指导幼儿角色游戏。

思维导图

- 幼儿角色游戏的组织与指导
  - 角色游戏的认识
    - 角色游戏的概念
    - 角色游戏的特点
    - 角色游戏的教育价值
  - 角色游戏的组织与指导
    - 角色游戏的指导内容
    - 各年龄班角色游戏的指导要点

任务一
角色游戏的认识

案例引入

涵涵和姐姐在客厅里玩“过家家”游戏，她们将沙发当床，将茶几当灶台，灶台上摆满了厨具玩具，姐姐扮演“妈妈”，涵涵扮演宝宝。两个人正玩得高兴时，奶奶来到了客厅，看到客厅里到处都是玩具，非常乱，就生气地说：“你们两个不要把玩具丢得到处都是。玩这些有什么用，还不如去看书。”

结合案例，分析奶奶说的话是否有道理，涵涵和姐姐是否可以继续玩游戏？

任务准备

1.用物准备：幼儿园角色游戏视频、纸、笔、任务单。

2.经验准备：学习幼儿角色游戏相关知识，在见习中观察幼儿角色游戏并进行经验总结。

工作表单

工作表单1

案例分析

淘气堡里，童童对明明和乐乐说：“我们一起玩吧，我来当妈妈，明明当爸爸，乐乐你来当宝宝。”乐乐噘着嘴说：“不，我也想当妈妈！”旁边的明明说：“那你们两个轮流来，童童先当妈妈，乐乐当宝宝，我们玩一会儿，再交换不就好了。”童童和乐乐同意了明明的建议。童童说：“宝宝，你先玩一会儿玩具，妈妈去做饭。”说完便拿起托盘、雪花片、积木做起了饭，一边做一边说：“放点盐，放点酱油，打一个鸡蛋，放点葱花儿。哇！好香啊！我的蛋炒饭做好了。”说完将“饭”递给乐乐和明明。吃完“饭”后明明说：“我去上班啦，宝宝在家要听妈妈的话，做乖宝宝！”

案例中的游戏属于什么类型，此类游戏的教育意义有哪些？

工作表单2

视频分析

扫码观看视频，总结幼儿角色游戏的特点和价值。

游戏的特点	游戏的价值

任务分析

角色游戏对于幼儿社会性发展具有重要价值，通过案例和视频分析初步了解角色游戏的概念、特点和价值，以便于正确认识幼儿角色游戏和进行角色游戏活动指导。

学习支持

一、角色游戏的概念

角色游戏是幼儿根据自己的想法，借助真实或假想的游戏材料，进行角色扮演，创造性地通过语言、动作等再现生活经验的游戏活动。例如，“娃娃家”游戏中，幼儿通过扮演生活中他们最熟悉的爸爸、妈妈、宝宝等角色，模仿爸爸妈妈在生活中的语言、动作、表情等，体验当爸爸妈妈的感觉。游戏中幼儿的自主性比较强，没有过多的规则约束，因此，幼儿非常喜爱角色游戏。

二、角色游戏的特点

（一）自主性

角色游戏中幼儿根据自己的意愿和兴趣开展活动，自主选择游戏的主题、情节、材料等。幼儿在游戏中能自由发挥创造力、想象力，受到的约束较少，自主性比较强。

（二）社会性

角色游戏往往是幼儿社会生活经验的再现，社会性显著。角色游戏的主题基本来源于幼儿的生活，例如“超市”主题游戏、“娃娃家”主题游戏、“医院”主题游戏等，都是幼儿在生活中能接触到的内容，幼儿生活经验越多角色游戏的情节就越丰富。

（三）创造性

幼儿在角色游戏中所使用的材料与真实情况不完全相符，有些材料比较逼真，例如目前市面上有很多做饭的玩具，幼儿在玩的过程中会想象这些玩具是真实的，会假装做饭、假装吃饭。做饭过程中不仅会模仿大人做饭的步骤，还会加入自己的想法，按照自己的喜好做游戏。有些玩具与真实情况相差较大，这时就出现了“以物代物”的情况，例如想要蒸米饭，但是没有米、锅等玩具，幼儿就会用已有的玩具替代，这也是幼儿角色游戏创造性的体现。

三、角色游戏的教育价值

（一）有助于幼儿社会性发展

同伴交往是幼儿社会性发展的重要途径，为使角色游戏顺利开展，幼儿在游戏前就要对游戏主题、情节、角色分配等进行沟通，游戏中也要根据情节进行同伴交往，游戏越深入幼儿间的同伴交往就越频繁。游戏中幼儿需要用到分享、合作、尊重、解决冲突等人际交往技能，在解决游戏冲突的过程中，幼儿的社会交往技能会得到发展。幼儿角色游戏能帮助幼儿进一步认识各种社会角色，例如在超市主题游戏中，幼儿通过体验“买”和“卖”的关系，知道售货员、收银员、理货员等角色的职责以及消费者的权利。角色游戏在幼儿去自我中心化方面也起着重要作用。为使游戏顺利开展，幼儿需要思考自己扮演的某一角色的语言、动作、情绪等，进而慢慢学会换位思考和处理问题。

(二)有助于幼儿语言能力发展

在进行角色游戏前,幼儿要对游戏情节、角色分配、游戏材料等进行讨论。在角色游戏中,幼儿要按照角色特点模仿该角色应有的语气语调,使用一定的词语。角色游戏后,幼儿还可能对游戏进行讨论。在这样的过程中,幼儿的词汇量越来越大,语言表达能力越来越强,理解能力也会得到发展。

(三)有助于幼儿情绪情感调控能力提升

角色游戏是幼儿表达情绪情感的有效途径。在角色游戏开展过程中,幼儿既可以体验各种情绪情感,如开心、难过、害怕等,又可以通过控制调节这些情绪而获得游戏的满足感,增强幼儿自信心。同时,角色游戏也为幼儿提供了宣泄消极情绪的途径,有助于幼儿心理健康。

任务二

角色游戏的组织与指导

案例引入

李老师发现大班“理发店”里的“顾客”很少，幼儿对理发店不感兴趣，于是带幼儿到真实的理发店参观，让幼儿观察理发店的设施，鼓励幼儿向理发师咨询问题，并把幼儿的问题记录下来，还拍下理发师为顾客服务的照片。回到幼儿园，李老师组织幼儿讨论“如何开好理发店”，并给孩子们观看照片进行回顾。然后李老师启发幼儿将积木当作理发店里的设备，让幼儿自己画发型。之后，大班理发店生意红火了起来。

案例中老师采用了哪些策略来支持幼儿的游戏活动？

任务准备

1. 用物准备：幼儿角色游戏视频、纸、笔等。

2. 经验准备：了解幼儿角色游戏的概念、特点、教育价值等，在见习中观察幼儿角色游戏的开展情况，并总结经验。

工作表单

工作表单 1

视频分析

扫码观看视频，分析组织幼儿角色游戏应包含哪些步骤。

游戏名称	组织步骤

工作表单2

案例分析

小班角色游戏:加油站里真热闹

一、游戏背景

小班幼儿年龄较小,自我服务能力差,游戏的创造性也较差,需要为他们提供有趣的游戏环境及材料,激发他们的游戏兴趣。

最近,小班的孩子们对交警充满了崇敬之情,每次讲到关于交警的故事,他们都能聚精会神地听,并感叹"哇!交警叔叔好厉害!"针对这种情况,老师抓住时机利用孩子们的最佳兴趣点,组织了系列主题活动,通过游戏锻炼孩子们的平衡协调能力,训练手部、腿部肌肉力量,提升人际交往能力,培养孩子们遵守交通规则的意识,丰富孩子们的职业角色意识。

二、游戏目标

1. 让幼儿知道并理解交警、司机、加油站工作人员等的工作职责。

2. 在老师的帮助下,幼儿能按照所扮演角色的特点开展相关活动。

3. 幼儿愿意与同伴积极交往、友好合作。

三、游戏观察及调整

扫码观看游戏过程相关内容。

案例中老师对幼儿游戏的指导内容及作用有哪些?

任务分析

通过学习视频和案例,初步了解幼儿角色游戏的组织过程,以及老师在幼儿角色游戏组织与指导中的作用,掌握角色游戏开始前、游戏过程中、游戏结束后和不同年龄班角色游戏的指导要点。

学习支持

一、角色游戏的指导内容

（一）游戏开始前的指导

游戏开始前要为游戏有效开展做充足的准备。首先，帮助幼儿确定游戏主题。老师应通过观察和分析幼儿现有身心发展特点、兴趣爱好、发展需要等，确定游戏主题。其次，丰富幼儿生活经验。角色游戏来源于现实生活，幼儿生活经验越丰富，游戏内容就越充实。幼儿生活经验主要来自于家庭、幼儿园，因此可通过家园合作丰富幼儿生活经验。最后，提供充分的游戏条件。角色游戏条件主要是指开展游戏所需要的客观条件，包括游戏时间、场地、材料等。老师要为幼儿角色游戏活动提供充足的时间，一般一个游戏的时长应不少于30分钟，这样幼儿才能充分体验游戏内容、情节、角色等。老师还应为幼儿创设和提供适宜的游戏场地和材料，在教室、走廊等地方划分出相对固定、独立的区域，按照游戏主题摆放相应的游戏材料等。例如"医院"主题游戏中，可为幼儿提供听诊器、注射器等玩具。随着幼儿年龄的增长，可为幼儿提供半成品游戏材料，由幼儿自制玩具，提升幼儿的游戏兴趣、主动性、创造性。

（二）游戏过程中的指导

游戏中的指导主要是帮助和支持幼儿顺利开展游戏活动，排除困难、调节矛盾、确保安全等。角色游戏中，幼儿常会因角色分工不满意、配合不密切等发生矛盾，老师要善于发现问题，引导幼儿学会用轮流、推选、合作等方法解决问题。老师应注意观察幼儿游戏的主题、情节，材料的使用情况以及交流情况等，了解幼儿的游戏水平。在观察的基础上，适时地给予幼儿指导。有些幼儿角色意识较弱，游戏过程中在角色和自我间随意切换，甚至忘记自己在进行角色扮演，因此老师要适时地提醒幼儿回归角色，动作语言等都要符合角色特点。

老师在指导过程中要注意把握"幼儿为中心"原则，充分尊重幼儿的意愿，给予幼儿选择游戏主题、材料、角色的自主权。尊重个体差异性，通过多种形式指导幼儿游戏，干预指导的时间不宜过长。老师还可以通过角色扮演的方式直接参与到游戏中，调动幼儿参与游戏的积极性。

资料链接

角色游戏中游戏材料的投放

幼儿年龄不同,游戏水平也会有所不同,老师要根据幼儿的年龄特点研究材料的投放策略,赋予材料以意义,使幼儿更好地与材料互动,促进其发展。

小班幼儿特点及游戏特点:

小班幼儿的思维概括性和灵活性较差,在使用物品进行游戏时“以物代物”的能力不强,所以角色游戏离不开形象材料的支持。由于生活经验少,小班幼儿的游戏主题单一、情节简单,多围绕“家”来进行游戏;角色意识差,容易出现角色混淆;游戏的主要内容是重复操作、摆弄玩具材料;处于独自游戏和平行游戏的高峰期,常常模仿同伴的游戏,若同样的玩具材料不足时,容易发生争抢。因此,老师应提供充足和适宜的材料,满足小班幼儿在游戏中模仿和操作的需要,锻炼小肌肉的灵活性,同时让幼儿在熟悉的环境中获得满足感。

小班游戏材料投放举例:

小班常见的游戏主题是娃娃家等,老师可提供与主题相关的家具玩具和材料,如娃娃家游戏可以准备娃娃、小床、储物柜、桌子、椅子、操作台、餐具、炊具等,还可以准备一些娃娃需要的物品,如小杯子、小枕头、奶瓶、玩具、图书等。小医院游戏可以准备听诊器、注射器、药棉、娃娃等游戏材料。

中班幼儿特点及游戏特点:

与小班幼儿相比,中班幼儿的身心发展水平有了较大提高。由于生活经验的不断积累,幼儿的认知能力也不断增强,思维逐渐变得活跃,游戏主题和情节也随之丰富起来。角色意识逐渐增强,但还不是很稳定。此阶段的幼儿能够设计简单的游戏情节,并能出现连贯的游戏动作。在游戏中能与小伙伴进行简单的交流,处于联合游戏阶段。老师可以通过环境的创设和材料的投放帮助幼儿增强角色意识,提高交往能力。

中班游戏材料投放举例:

中班游戏主题在娃娃家的基础上向外拓展,出现了餐厅、美发厅、甜品店、超市、医院等游戏主题。需投放与主题相关的材料,如在餐厅游戏中可投放操作台、餐具、食物、餐桌、厨师帽、围裙等。在美发厅游戏中投放吹风机、剪刀、梳子、镜台和椅子等。在甜品店游戏中可投放操作台、展示柜、蛋糕、水果等材料。老师也可为幼儿提供系列半成品操作材料，便于幼儿进行连续性的操作活动，使游戏内容更丰富更真实。

大班幼儿特点及游戏特点：

随着认知能力的提升，幼儿的思维更为活跃，不仅能设计内容更丰富、情节更连贯的游戏，而且能够通过活动和玩具材料充分表达游戏内容，使游戏表现出浓郁的创造气息。老师可以通过创设环境和提供材料帮助幼儿进一步丰富游戏内容，创造性地开展游戏活动。

大班游戏材料投放举例：

大班幼儿的游戏主题更加多元，例如美食街、照相馆、博物馆、图书馆、美术馆等。老师需要投放与主题相关的材料，如照相馆的化妆品、服装、照相机、背景图等等，超市的货架、包装袋、纸盒、瓶子、钱币、收银台、购物篮等。也可以让幼儿自己寻找替代品或自制游戏材料进行游戏。

（节选自：张凤敏．幼儿园游戏区规划与指导[M].上海：华东师范大学出版社，2017.有删改）

（三）游戏结束后的指导

游戏后的主要任务是总结游戏活动，积累游戏经验，提高认知水平。在游戏快要结束时老师要提醒幼儿提前做好准备，引导幼儿愉快地结束游戏。游戏后老师应指导幼儿整理游戏场地，养成爱护游戏材料、保持环境清洁、热爱劳动的良好习惯。整理好游戏场地后老师可根据游戏具体情况引导幼儿对游戏进行讨论评价，通过评价让幼儿巩固游戏中所获得的经验，表扬幼儿的良好表现，让幼儿进行相互学习。

二、各年龄班角色游戏的指导要点

（一）小班游戏指导

小班角色游戏的主要特点：因认知水平不高，幼儿多进行独自游戏、平行游戏；角色扮演游戏中，幼儿对玩具、头饰等材料的依赖性较强；幼儿的角色意识不强，游戏中往往意识不到自己正在扮演角色，动作、表情等以模仿为主；游戏主题以日常生活为主，情节简单。

指导要点：老师可为幼儿提供种类少、数量多且形状颜色相似的游戏材料等，满足幼儿平行游戏需要，避免因为游戏材料不够发生冲突。老师可采用平行游戏的方式，引导幼儿相互模仿，丰富角色游戏的情节、动作等；可帮助幼儿确定游戏主题并引导幼儿围绕主题开展游戏活动。

（二）中班游戏指导

中班角色游戏的主要特点：游戏主题较小班更多样、内容更丰富，但仍以表达日常生活为主；游戏主题不稳定，常常出现游戏过程中换主题的现象。中班幼儿角色意识强，能按照角色特点进行游戏，交流互动增多，在一定程度上能与同伴进行协商，但是交往技能欠缺。

指导要点：老师可为幼儿提供丰富的游戏材料，鼓励幼儿不断丰富游戏主题；观察幼儿游戏，以游戏者身份介入游戏，指导幼儿在游戏中掌握社会交往技能。

（三）大班游戏指导

大班角色游戏的主要特点：大班幼儿能按自己的意愿主动选择游戏主题，主题新颖，内容丰富。游戏角色较多，游戏情节丰富，能反映较复杂的人际关系。幼儿喜欢与同伴一起游戏，合作游戏行为逐渐增多。游戏中独立解决问题的能力增强。

指导要点：老师通过提问、谈话等方式，引导幼儿在游戏中对主题、情节、内容等进行深入沟通交流，培养幼儿的合作意识，鼓励幼儿在游戏中进行思考、创造，培养幼儿的自主性，发挥幼儿的想象力。

项目评价

主题	内容	优秀	良好	一般	较差	很差
学习态度	能积极、认真地完成阅读、讨论、分享等各项任务	5	4	3	2	1
专业知识	掌握幼儿角色游戏的概念、特点、教育价值，掌握不同年龄班幼儿角色游戏组织与指导要点	5	4	3	2	1
团队协作	能够积极参与讨论，思维清晰，对其他人的发言能进行理性分析和提出合理见解。能很好地完成小组任务，共同推进学习进程	5	4	3	2	1
沟通交流	能够清晰准确地表达自己的观点，与他人交流时态度、语气恰当	5	4	3	2	1

续表

主题	内容	优秀	良好	一般	较差	很差
实践应用	能根据幼儿年龄特点等进行角色游戏环境创设，制订角色游戏活动方案。能对幼儿角色游戏进行观察与评价，正确指导幼儿角色游戏	5	4	3	2	1
自我小结						

项目小结

本项目的主要内容为幼儿角色游戏的概念、特点、教育价值、不同年龄班幼儿角色游戏组织与指导要点；主要目标是学习后能根据幼儿年龄特点等为幼儿角色游戏创设适宜环境，制订角色游戏活动方案，能对幼儿角色游戏进行观察与评价，正确指导幼儿角色游戏活动。

直通赛证

一、选择题

1.幼儿园的“娃娃家”游戏属于(　　)。

A.结构游戏　　B.表演游戏　　C.角色游戏　　D.智力游戏

2.当老师以“病人”身份进入小班“医院”时，有六位“小医生”同时上来询问病情，都积极地为老师看病、打针，结果老师一共被打了六针。对小班幼儿这种游戏行为最恰当的理解是(　　)。

A.过于重视老师的身份

B.角色游戏呈现合作游戏的特点

C.在游戏角色的定位上出现混乱

D.角色游戏呈现平行游戏的特点

3.在角色游戏中，老师观察幼儿能否主动协商处理玩伴关系，主要考查的是(　　)。

A.幼儿的情绪表达能力

B.幼儿的社会交往能力

C.幼儿的规则意识

D.幼儿的思维发展水平

4.下列不属于角色游戏的是(　　)。

A.“娃娃家”游戏　B.“看医生”游戏　C.“逛商场”游戏　D.“造城堡”游戏

5.梅梅和芳芳在玩“娃娃家”游戏，俊俊走过来说：“我想吃点东西。”芳芳说：“我们正忙着呢！”俊俊说：“我来当爸爸炒点儿菜吧。”芳芳看了看俊俊说：“好吧，你来吧。”从俊俊的社会性发展来看，下列哪一选项最接近他的最近发展区？(　　)

A.能够找到一个自己喜欢的玩伴

B.开始使用一定的策略成功加入游戏小组

C.在多个幼儿的角色游戏中进行合作性互动

D.能够在角色游戏中讨论扮演的角色行为

二、简答题

简述角色游戏活动中老师需要观察的要点及其目的。

三、材料分析题

1.阅读并分析材料，回答问题。

大班的洋洋想玩“开奖”游戏，他画了很多奖券，还大声叫嚷：“快来抽奖呀！特等奖是一辆自行车！”童童在洋洋那里抽到了特等奖，洋洋推给她一把小椅子，告诉她：“给你，自行车！”童童高兴地“骑”上去。强强也来了，也在洋洋那里抽到了特等奖，洋洋还是推给他一把椅子，强强也很高兴地“骑”上去，两脚模仿着踩踏板的动作，蹬个不停。老师也来了，洋洋高兴地让老师抽奖，结果老师也抽到了特等奖。洋洋迫不及待地把一把椅子推给老师，还说道：“恭喜恭喜！”老师却说：“这个自行车一点儿也不像，怎么没有轮子呀，应该给它装上轮子！”洋洋低头看看自己的“自行车”，愣住了，抽奖活动不得不停了下来。

老师干预洋洋游戏的行为合适吗？请对洋洋的游戏方式和老师的干预方式做出分析和判断。

2.阅读并分析材料,回答问题。

角色游戏中,大二班在教室里开展理发美容店主题游戏,老师为了提升幼儿的游戏水平,主动为幼儿制作了价目表。

理发美容价目表

美发区	美容区
洗发10元	牛奶洗脸10元
剪发10元	美白面膜15元
烫发30元	脸部按摩20元
染发30元	肩颈按摩20元

请结合你对角色游戏的理解,分析老师提供价目表这一做法是否适宜,并提出建议。

3.阅读和分析材料,回答问题。

在开展烧烤店主题游戏前,大一班的李老师加班加点为幼儿准备了烧烤架、烧烤夹,以及各种逼真的鱼丸、香肠、土豆片等游戏道具;大二班的王老师没有直接投放材料,而是与幼儿商量,支持他们自己寻找、收集所需材料,幼儿们找来了树叶、签子等等。

(1)哪位老师的做法更恰当?

(2)请分别对两位老师的做法进行评析。

4.材料分析题

小班进行角色游戏时,李老师发现豆豆经常会倒提起布娃娃边打边说:"你不乖,我打你,你再哭,我还打!"

(1)分析豆豆出现这种行为的可能原因。

(2)针对这样的情况李老师该怎么做?

实践实训

1.自选年龄班设计一个角色游戏方案,以小组为单位进行模拟教学。

2.到幼儿园进行角色游戏观察与记录,并进行游戏过程分析。

推荐阅读

[1]刘艳.幼儿园角色游戏指导手册[M].南京:江苏教育出版社,2012.

[2]张凤敏.幼儿园游戏区规划与指导[M].上海:华东师范大学出版社,2016.

项目四

幼儿表演游戏的组织与指导

学习目标

知识目标

1. 知道幼儿表演游戏的特点、教育价值；
2. 熟悉不同年龄班幼儿表演游戏组织与指导要点。

技能目标

1. 能根据幼儿年龄特点等为幼儿表演游戏创设适宜环境；
2. 能根据幼儿年龄特点等设计表演游戏活动方案；
3. 能根据幼儿年龄特点等正确指导表演游戏活动。

素养目标

1. 积极主动学习幼儿表演游戏相关知识；
2. 对幼儿有爱心、耐心，热爱学前教育事业。

学习重难点

学习重点

1. 熟悉幼儿表演游戏的特点；
2. 掌握不同年龄班幼儿表演游戏组织与指导要点。

学习难点

1. 能够正确指导幼儿表演游戏活动；
2. 能从促进幼儿发展的角度评价幼儿表演游戏。

思维导图

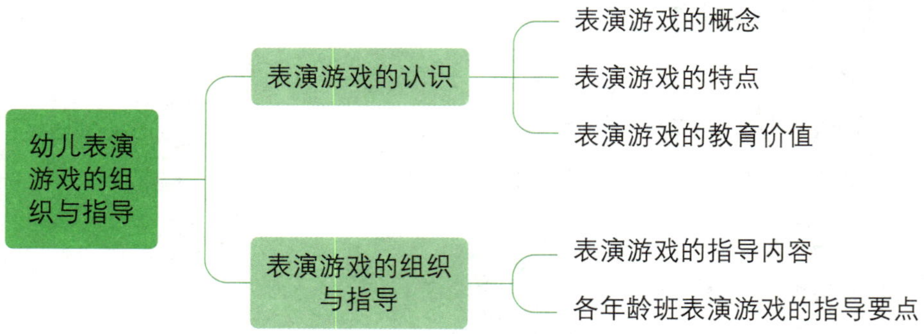

幼儿表演游戏的组织与指导
表演游戏的认识
表演游戏的概念
表演游戏的特点
表演游戏的教育价值
表演游戏的组织与指导
表演游戏的指导内容
各年龄班表演游戏的指导要点

任务一

表演游戏的认识

案例引入

自主游戏时,小舞台上几个孩子在排练,小导演阳阳站在台下指挥。阳阳说:“亲爱的小朋友们,今天表演的是时装秀,我们要把模特走秀的样子演出来,模特走路时腰一扭一扭的。”阳阳说完还做了示范,台上的小朋友看到后纷纷模仿阳阳的动作,并开始了新一轮的表演。

案例中孩子们的游戏是表演游戏吗,为什么?

任务准备

1. 用物准备:幼儿园表演游戏视频、纸、笔等。

2. 经验准备:了解幼儿表演游戏的特点,见习中观察幼儿表演游戏并记录游戏过程中相关内容。

工作表单

工作表单 1

案例分析

谁的剧本比较好

开展表演游戏活动时,孩子们的阵阵争吵声引起了老师的关注。老师仔细一听,原来是在“小熊请客”的游戏表演过程中,孩子们自主创新了很多情节。但是,每个孩子都执着于自己的想法,不能达成一致意见,使游戏停滞不前。

老师走过去详细了解情况,小宝说:“我是小熊,他们都不听我的。”其他小朋友立刻反驳,认为他们自己的想法也挺好,不一定要听小宝的。老师见状提出了建议:“前两天，果果和几个小朋友在玩搭桥游戏时，也出现了意见不一致的情况，但是他们最后很好地解决了问题。你们可以问问他们的意见。”

孩子们通过询问，了解到可以采用协商讨论的方法解决问题。他们聚在一起展开了热烈的讨论，然后开始表演。这时，老师选择坐在观众席，欣赏他们的表演。小宝和其他小演员见状也开始认真表演起来。在这一过程中，孩子们充分感受到了创造性合作表演的乐趣！

结合案例分析：表演游戏必须按照原本的故事内容进行吗？

工作表单2

小组讨论

分小组讨论表演游戏与角色游戏、戏剧表演的联系与区别。

联系	
区别	

任务分析

本任务旨在结合案例分析、小组讨论等梳理表演游戏的概念、特点和教育价值，以及表演游戏、角色游戏、戏剧表演的联系与区别，为更好地设计、指导幼儿表演游戏奠定基础。

学习支持

一、表演游戏的概念

表演游戏是指幼儿按照童话故事等文学作品中的某一情节或多个情节，用语言、动作、表情等方式再现文学作品内容的游戏形式。幼儿可根据自身对故事的理解进行创造性改编，并按照自己的理解进行游戏表演。表演游戏中既有表演又有故事，缺一不可。例如，时装秀就只是表演活动，没有故事情节，就不能算是表演游戏。

二、表演游戏的特点

（一）游戏性

表演游戏最根本的特性是游戏性，归根结底是幼儿自娱自乐的活动。在表演游戏中幼儿投入表演是因为本身对游戏感兴趣，关注的是游戏本身，即使没有观众幼儿也会很高兴地进行表演。因此，表演游戏是一种游戏形式，与戏剧表演等是不相同的。

（二）创造性

表演游戏以文学作品为依据，游戏过程不是机械地复制原有作品内容，而是对文学作品进行再创造。游戏中，老师给予幼儿充分的自主权，幼儿会按照自己对文学作品中人、事、物的理解，自由地选择表达方式进行表演。

（三）表演性

表演性指的是幼儿、老师基于自己的生活经验对文学作品的某个情节或多个情节进行再创造，老师指导幼儿进行表演，或幼儿基于自己的生活经验创作作品并进行表演，幼儿为演绎的主体。在活动中，幼儿的表演性得到充分体现和释放。

资料链接

表演游戏的类型

幼儿园里的表演游戏可分为作品表演游戏和创作表演游戏两大类。作品表演游戏是以现成的文学作品，主要以童话故事为依据，幼儿共同思考并掌握作品的主题和情节，共同制作道具，布置场景，共同协商角色进行表演，充分体现交流、合作的乐趣。而创作表演游戏是指没有现成的作品，幼儿根据已有的经验和丰富的想象力创作作品并加以表演的游戏。在游戏中，幼儿的表演愿望不但能得到满足，还能学到一些优美的语言，体会一些积极的情绪，明白一些生活的道理，并且能潜移默化地养成良好的品德和行为习惯。表演游戏为每个发展水平不同的幼儿提供了展现自我的机会。

在幼儿园，表演游戏主要是幼儿根据文学作品的内容进行表演，包括故事表演、童话剧表演、歌舞剧表演等，是幼儿园主要的表演游戏形式。幼儿在游戏中自己扮演角色，自娱自乐，不在乎有无观众。随着年龄的增长，幼儿的表演游戏呈现出不同的特点。3—4岁的幼儿只能表演自己看到的、听到的作品中印象最深的情节，表演简单而缺乏内在联系，只能是对作品中片段的反映。5—6岁的幼儿则具有一定的计划性、组织性，表演前能先理解故事内容、情节发展、角色的动作与对话，按作品中人物分配角色，准备道具，并能自编自演，对故事进行再创作并加以戏剧化表演。

实践中，幼儿园表演游戏还有一种分类方式，即按照幼儿在表演游戏中使用的辅助材料来分类，具体分类如下：

1. 桌面表演游戏

桌面表演游戏是幼儿在桌面上运用各种玩具或游戏材料代替文学作品中的角色，通过口头语言（独白、对白）和对玩具的操作再现文艺作品内容的一种表演游戏形式。这种游戏以个人游戏为主。例如，幼儿在进行表演游戏“龟兔赛跑”时，可以分别用龟、兔玩具代表剧中角色，自己一边在桌面上操控玩具，一边加上剧中的语言进行形象表演。

2. 木偶表演游戏

用木偶进行表演的游戏称为木偶游戏。在幼儿园中，木偶是指用木、纸、布等材料制成的人物、动植物等造型的玩偶。常见的木偶有布袋木偶、手指木偶、提线木偶和棍杖木偶等几种形式。木偶的造型一般形象生动，深受幼儿喜爱。幼儿园既可以购置现成的木偶，也可以由老师引导幼儿制作木偶。

3.影子戏表演游戏

影子戏表演游戏是根据光学原理，通过光的作用，利用物体的阴影来进行表演的游戏。一般有人影和手影戏，即以人的侧身造型和手的动作造型所形成的影子进行表演；头饰影和手饰影戏，也就是将人形等造型戴在头上或手上，以头或手的动作操纵人形等进行表演；纸影和皮影戏，即以纸和皮革材料制作造型，用杆子或绳子操作造型进行表演。

4.小舞台表演

“小舞台”属于表演游戏里常见的游戏区域。如今幼儿园里很多班级的游戏区域中都有表演区，常被称为“小舞台”。它通常是几平方米的场地，配上一定的辅助材料（如丝巾、头饰等等），幼儿伴随着音乐可以在这里翩翩起舞。当然，也有少数幼儿园的“小舞台”是用来展示幼儿自己创编的或来自文学作品的游戏的，这些游戏活动可以是故事表演、木偶戏表演等。

（节选自：梁周全，尚玉芳. 幼儿园游戏与指导[M]. 北京：北京师范大学出版社，2011.有删改）

三、表演游戏的教育价值

表演游戏的教育价值主要体现在以下几个方面：

（一）加深幼儿对文学作品等的理解

表演游戏的开展过程也是幼儿学习文学作品等的过程。表演游戏以文学作品等为基础，幼儿通过表述作品中的语言、表演主题情节、揣摩角色心理、厘清故事的前因后果等，加深对文学作品的理解。

（二）有助于幼儿的语言发展

文学作品的语言生动，句式丰富。表演游戏中幼儿通过语言、动作等再现作品内容，在这一过程中幼儿能自然地获得相关的语言经验，掌握丰富的词语、语法，同时也能锻炼听和说的能力，进一步提升幼儿语言运用能力。

（三）有助于幼儿良好个性的养成

文学作品中人物等角色的思想情感非常丰富，幼儿在表演游戏中会反复体验作品不同角色的思想感情，领会作品表达的主题思想，这一过程有助于幼儿理解什么是良好的品德，进而形成是非观。进行表演时幼儿也需要与同伴进行合作，幼儿的勇气和自信心可以得以锻炼。

（四）有助于幼儿审美素养的培育

表演游戏是具有艺术特性的活动，幼儿能通过语言、动作、表情等再现文学作品的内容，同时会根据人物特点等调整自身的仪表仪态等，通过表演获得美的启迪，提升美感，学会如何欣赏美、表现美、创造美。

资料链接

表演游戏与角色游戏、戏剧表演

1. 表演游戏与角色游戏的联系与区别

表演游戏与角色游戏之间有密切联系。表演游戏和角色游戏同属于象征性游戏，二者在角色扮演、象征手段等方面有相似之处，均需要通过扮演角色，发挥想象力和创造力，用物体进行表征来完成游戏情节。

表演游戏与角色游戏之间的区别：两者的主题来源不同。在角色游戏中，幼儿在他们自己创设的特殊的游戏环境里独立再现成人的社会生活等。角色游戏是幼儿通过想象和模仿，借助真实或替代的材料进行角色扮演，创造性地再现周围社会生活的游戏。因此，角色游戏与幼儿的社会生活经验密切联系，是一种富有创造性的想象活动。而表演游戏是指幼儿根据接触到的文学作品，比如童话故事等，对其中的角色、情节和人物语言进行再现的游戏。因此表演游戏是以幼儿文学作品或者幼儿在原有文学作品基础上创编的故事为依据而展开的游戏活动，具有一定的艺术性。例如“超市”主题的角色游戏来源于幼儿真实的生活经验，表演游戏“三只小猪”则来源于文学作品。

2. 表演游戏与戏剧表演的联系与区别

表演游戏与戏剧表演都是以一定的作品为基础，对作品进行创造性表演的活动，表演时都要运用口头语言和肢体语言。

表演游戏与戏剧表演之间的区别：构成戏剧表演的基本要素是导演、演员、剧本、剧场和观众，戏剧表演是演员（幼儿）在导演的指导下，根据先编写好的剧本，运用口头语言和肢体语言，借助化妆、服饰、灯光、音响、道具等，比较严格地再现剧本内容和情节的教育活动。戏剧表演要求幼儿创作出活生生、有血有肉的人物形象，使之具有一定的审美价值，具有舞台表演美，其对幼儿语言和动作的要求更规范，强调幼儿的艺术表达能力。表演游戏则是幼儿以故事为线索展开的游戏活动，他们按自己的理解来表现故事。因此，在表演游戏中，幼儿对故事的表达较戏剧表演是相对宽松自由的，可以不受条条框框约束，在本质上是幼儿的“自由游戏”与玩耍，而不是戏剧性较强的“戏剧表演”。

（节选自：曹中平，韦丹，蔡铭烨．幼儿园游戏指导[M]．北京：北京理工大学出版社，2018. 有删改）

任务二

表演游戏的组织与指导

案例引入

上周老师给孩子们讲了《拔萝卜》的故事，本周老师在表演区投放了老爷爷、老奶奶、小姑娘、小黄狗、小花猫、小老鼠等的服装和头饰。自主游戏时间，表演区内非常热闹，孩子们激烈地讨论着角色分配，涵涵和明明都想扮演老爷爷，两人争执不下。

面对孩子们的争执，老师该如何做？

任务准备

1.用物准备：幼儿园表演游戏视频、手偶或头饰、纸、笔。

2.经验准备：了解幼儿表演游戏的特点，见习中观察幼儿表演游戏，记录游戏过程相关内容并进行分析。

工作表单

工作表单1

案例分析

观众的提示

今天“花儿剧场”上映的剧目是《狮王进行曲》。许多小观众都踊跃“购票”，想要看到精彩的演出。表演开始了，小演员们认真地表演着。可是，没演多久，小观众们都纷纷离开了，致使表演终止。

游戏结束后的分享环节，老师一改以往引导评价的方式，将主动权交给孩子们，并请今天的小演员主持分享活动。幼儿通过“表演回放”表达了各自的感受。比如有的小演员认为自己的表演没有一点儿激情，小观众也反映表演不生动。这时小主持人马上反驳:“那你们说怎么演?”小观众恪恪胸有成竹地说:“可以演成大狮子组织开音乐会,还有奖品颁发,于是小动物们都来参加表演……”小演员们你看我,我看你,似乎明白了观众的期待。

老师适时提出问题:“你们觉得恪恪的想法怎么样?”老师的问题引发了孩子们的热烈讨论。最终,大家一致认同可以借助夸张的动作、丰富的表情、变化的声音以及逼真的道具等进行表演。之后,小朋友们开始紧张地准备起来。为了使自己表演得更好,孩子们使出了浑身解数,用多种形式灵活表现自己对于角色形象的理解,进行了故事创新,拓展了相关经验。

结合案例,分析老师应如何指导幼儿表演游戏。

工作表单2

视频分析

扫码观看并分析视频,说一说如果由你来指导游戏,你会采取哪些措施。

任务分析

通过案例和视频分析,引发学生思考如何组织和指导幼儿表演游戏,帮助学生深入理解小班、中班、大班各年龄班表演游戏的指导策略,为组织表演游戏奠定基础。

学习支持

表演游戏的表演性决定了老师需要对幼儿表演游戏的主题选择、环境创设等进行指导,帮助幼儿生动形象地表演角色。

一、表演游戏的指导内容

(一)帮助幼儿选择游戏主题

表演游戏开始前,老师首先要帮助幼儿确定游戏主题。表演游戏的主题主要来源于童话故事等文学作品。老师要帮助幼儿选择内容健康向上、情节丰富、适合表演的作品。所选文学作品应符合幼儿生活经验,具有一定的故事情节和发挥空间。小、中班应选择主线明确、情节不复杂、动作简单又重复的文学作品。例如,《拔萝卜》故事情节简单,虽然角色较多,但拔萝卜的动作和语言是相似的,因此,小、中班幼儿适合开展此类表演游戏活动。大班可选择表演情节较多、情节较复杂的文学作品。

(二)创设适合的游戏环境

游戏环境是游戏活动开展的重要因素。老师应根据选定的游戏主题,为幼儿准备数量充足、种类丰富的游戏材料,如玩具、服装、头饰等,创设游戏环境,激发幼儿表演的积极性。老师可以帮助准备游戏道具等,但并不是说幼儿不参与准备活动,幼儿可以根据角色、情节为自己选配合适的服饰和道具。表演游戏的场景应简单实用,日常活动中,可将活动室中间空地作为“舞台”,也可用小椅子隔出舞台。

(三)指导幼儿分配表演角色

通常文学作品的主人公深受幼儿喜欢,幼儿往往都喜欢演主角,但主角数量有限,因此需要对角色进行协调分配。在角色分配上要充分尊重幼儿的意愿,首先让幼儿自主选择想要扮演的角色,出现争抢角色的情况时老师应引导幼儿采用轮流扮演、猜拳确定等方式解决冲突,不强迫幼儿扮演自己不喜欢的角色。

(四)帮助幼儿提升表演技能

表演技能是指在表演中对语言、表情、动作等的展示能力。掌握一定的表演技能有助于幼儿更好地表现故事内容。在语言上,老师应引导幼儿大声说话,吐字清晰,并帮助幼儿理解所扮演角色的情绪情感,使幼儿在表演时将角色的思想情感充分表现出来。表演过程中的表情和动作都要比日常生活中夸张一些,不同角色在不同场景的表情动作也是不同的,老师要帮助幼儿在表演游戏中准确把握角色的心理活动。

二、各年龄班表演游戏的指导要点

(一)小班游戏指导

小班幼儿表演游戏的主要特点:小班幼儿的游戏多为独自游戏和平行游戏,游戏中幼儿的盲目性较强,角色意识较差,不能很准确地在作品中的角色与自己之间建立联系。表演游戏的主题单一、情节简单。

指导要点:第一,帮助幼儿选择对话简洁、情节简单、动作表现性强、场景较简单的文学作品;第二,为幼儿准备数量充足的表演道具,避免出现争抢道具的情况;第三,老师可以通过扮演作品中的角色,参与到游戏当中,以参与者的身份引导幼儿围绕主题开展游戏活动,甚至示范表演动作、语言等。

(二)中班游戏指导

中班幼儿表演游戏的主要特点:中班幼儿游戏的目的性、计划性较差;可以自行分配角色,但角色更换意识较差;处于联合游戏阶段,会讨论关于角色的出场顺序、道具的使用、语言的表达等,但是合作行为较少;表演水平有所提高,以动作为主要表现手段。

指导要点:游戏刚开始阶段,老师不要干预幼儿游戏,不要急于示范,要耐心等待幼儿协商。游戏中,观察幼儿表现,以角色身份参与到游戏中,适当提供示范,提示幼儿避免跑题。必要时,帮助幼儿制订角色更换规则,引导幼儿按规则进行游戏。

(三)大班游戏指导

大班幼儿表演游戏的主要特点:能独立进行角色分配,角色更换意识较强;游戏的目的性、计划性较强,出现合作游戏行为;有一定的表演意识和表演技巧,但表演水平不高。

指导要点:老师观察幼儿游戏活动,及时发现幼儿在语言、动作等方面的创造性表演,对创造性表演进行鼓励,更进一步激发幼儿的想象力和表演热情。为幼儿提供种类多样、数量充足的游戏材料,鼓励幼儿进行大胆创作,生动形象地表演作品。

项目评价

主题	内容	优秀	良好	一般	较差	很差
学习态度	能积极、认真地完成阅读、讨论、分享等各项任务	5	4	3	2	1
专业知识	掌握幼儿表演游戏的概念、特点、教育价值，掌握不同年龄班幼儿表演游戏组织与指导要点，了解表演游戏与角色游戏、戏剧表演的区别与联系	5	4	3	2	1
团队协作	能够积极参与讨论，思维清晰，对其他人的发言能进行理性分析和提出合理见解。能很好地完成小组任务，共同推进学习进程	5	4	3	2	1
沟通交流	能够清晰准确地表达自己的观点，与他人交流时态度、语气恰当	5	4	3	2	1
实践应用	能根据幼儿年龄特点等为幼儿表演游戏创设适宜环境，制订表演游戏活动方案。能对幼儿表演游戏进行观察与评价，正确指导幼儿表演游戏活动	5	4	3	2	1
自我小结						

项目小结

本项目主要学习了幼儿表演游戏的概念、特点、教育价值、不同年龄班幼儿表演游戏组织与指导要点。学生通过学习能根据幼儿年龄特点等为幼儿表演游戏创设适宜环境，制订表演游戏活动方案，对幼儿表演游戏进行观察与评价，并正确指导幼儿表演游戏活动。

直通赛证

一、选择题

幼儿通过塑造角色表现文学作品内容的游戏是(　　)。

A. 角色游戏　　B. 结构游戏　　C. 智力游戏　　D. 表演游戏

二、论述题

李老师设计了一个“三只蝴蝶”游戏活动，她选了三名幼儿扮演蝴蝶，又选了若干幼儿扮演花朵，结果幼儿兴趣不高，表现被动，还没等游戏结束，一个幼儿就问李老师：“老师，游戏完了吗？我们可以自己玩了吗？”

请从幼儿游戏特征和游戏指导的角度分析上述案例，论述产生上述情况的原因。

三、活动设计题

大班的江老师出差两天，回来以后，孩子们都向她告亮亮的状，说亮亮总是搞破坏。亮亮说：“我不是在搞破坏。我是孙悟空，在打妖怪。”晶晶说：“我不是妖怪，我是唐僧。”其他孩子也说自己不是妖怪。还有的孩子说自己也是孙悟空。孩子们争先恐后地说着，早就忘记了告状这件事，都在讨论自己要扮演什么角色。

请根据所提供的材料，按要求完成活动设计。要求：从孙悟空的行为目的和意义出发，将幼儿的破坏性扮演行为引导成为表演性游戏行为；写出游戏的名称、目的和过程。

实践实训

请围绕一个文学作品设计一个表演游戏方案并组织实施。要求：

(1)制订游戏方案。

(2)创设游戏环境并制作道具。

(3)组织和指导表演游戏。

(4)用轶事记录法记录幼儿的游戏表现。

推荐阅读

[1]浙江省教育厅教研室.幼儿园经典表演游戏[M].杭州：浙江人民出版社，2016.

[2]周怡.幼儿园绘本表演游戏实践研究与案例精选[M].南宁：广西师范大学出版社，2018.

项目五

幼儿建构游戏的组织与指导

学习目标

知识目标

1. 了解幼儿建构游戏的特点和教育作用；
2. 知道幼儿建构游戏的分类及各种结构玩具的特征；
3. 熟悉组织和指导幼儿建构游戏活动的常用方法。

技能目标

1. 能根据幼儿身心发展特点制订建构游戏教学计划；
2. 能用积木和积塑等材料建构结构物，组织主题建构活动。

素养目标

1. 指导幼儿教学活动时，有爱心、耐心且细心；
2. 喜欢各种建构活动，积极参加建构游戏教学实践活动。

学习重难点

学习重点

1. 熟悉幼儿建构游戏的特点和教育作用；
2. 掌握组织和指导幼儿建构游戏的常用方法。

学习难点

1. 利用积木和积塑等材料组织主题建构活动；
2. 能引导幼儿自制各种结构材料并进行拼图、拼板等结构活动。

思维导图

- 幼儿建构游戏的组织与指导
  - 建构游戏的认识
    - 建构游戏的概念
    - 建构游戏的特点
    - 建构游戏的教育价值
  - 建构游戏的组织与指导
    - 游戏开始前的指导
    - 游戏过程中的指导
    - 游戏结束后的指导
    - 各年龄班建构游戏的特点与指导要点

任务一
建构游戏的认识

案例引入

上周，孩子们能够在沙池里面利用铲子熟练地挖沙，利用模具和沙子制作城堡和蛋糕等。孩子们当时玩得很投入，对玩沙游戏热情很高。此后还念念不忘。本周，老师计划让孩子们再次进入沙池进行游戏。

孩子们来到沙池后开始挖河道，惟惟说："毅毅，我们将水倒进挖好的河道中。"毅毅说："可以。"宏宏提议："我们可以放小船在水里。"于是宏宏拿来三条小船放在河道中，他们不断地接水并将水倒进河道中。宏宏问："为什么小船没有和水一起游下来，为什么它会停下来？"惟惟说："是不是河道太短了？"毅毅说："河道里凸出来的沙子阻挡了小船。"宏宏建议："我们需要想办法让小船游得远一点儿。"毅毅说："那我们把河道挖长一点儿、深一点儿。"于是孩子们开始了改造河道的游戏。

在上述沙池游戏中，小朋友们可以获得哪些方面的发展？

任务准备

1. 内容准备：明确需要讨论的主题与内容。
2. 人员准备：6—8人为一组，选定小组长，小组成员进行分工。
3. 用物准备：纸、笔、教材及相关参考书。
4. 地点准备：选择讨论的地点和确定座次顺序。

工作表单

工作表单1

讨论分析

扫码观看幼儿建构游戏视频，讨论并分析视频中幼儿做了什么，说了什么，有哪些情绪情感，你从中发现了什么。

工作表单2

思考总结

请结合你对幼儿建构游戏的认识和理解，总结建构游戏的含义和特点以及教育价值。

建构游戏的含义和特点	建构游戏的教育价值

任务分析

本次任务我们将深入了解建构游戏的概念、特点、教育价值，以及游戏对幼儿发展的影响。在此基础上，学习如何更好地组织和指导幼儿建构游戏活动，如何在游戏中与幼儿进行互动，促进他们健康成长。

学习支持

一、建构游戏的概念

建构游戏是创造性游戏的形式之一，是指幼儿通过动手操作结构性材料(沙、土、积木、积塑、废旧物品等)创造性地构造物品的游戏，也称结构性游戏。游戏作品通常是对现实社会生活中物品、建筑物等的再现。因此，建构游戏对提升幼儿的操作技能和促进智力发展有重要意义。

二、建构游戏的特点

建构游戏具有激发幼儿创造性，提高幼儿动手操作能力，提升幼儿艺术审美能力等特点。

(一)创造性

创造性是建构游戏的重要特征之一。建构游戏不仅是一种娱乐活动，更是一种教育方法，旨在启发幼儿的创造力、想象力和创新思维，促使幼儿积极思考和探索。建构游戏的创造性主要表现在以下几个方面。

启发想象力与创造力。建构游戏引导幼儿发挥想象力和创造力，促使幼儿动手动脑，利用各种材料和工具，通过搭建、设计和创造来表达自己的想法。

锻炼自主性与自我表达能力。在建构游戏中，幼儿通常有较大的自主权，可以根据自己的兴趣和想法选择项目和材料。这种自主性有利于幼儿进行个性化、独特化创作，更好地表达自己的观点和想法。

锻炼解决问题的能力。建构游戏往往涉及一些设计和技术问题，幼儿需要思考如何将零散的部件组合成有功能的整体，如何克服技术难题以实现设计目标。这些都有利于培养幼儿的问题解决能力和空间思维能力。

积累实践经验。在建构游戏中，幼儿可以从设计和搭建过程中获得经验，积累建筑物、汽车、飞机等物体的相关知识。

(二)操作性

操作性是建构游戏的一个显著特点，强调幼儿通过实际操作等实践性活动来学习和探索。这一特点将认知与实际应用相结合,可为幼儿提供更具体、更深入的学习体验,有助于提升幼儿的学习效果和认知水平。

建构游戏要求幼儿亲自动手搭建、设计、调试等,使他们能够实际感受到物体的构造原理、工作原理和变化过程。这种实际操作不仅能增强幼儿的学习兴趣,还能加深他们对知识的理解。

通过操作性学习,幼儿可以直接观察和体验事物的特性,从而更容易理解抽象的概念和原理。这种直观性的学习方式有助于降低学习难度,提高学习效果。

建构游戏还注重培养幼儿的实践技能,例如拼装构件的能力、使用工具的能力等。通过实际操作,幼儿能够逐步掌握各种技能,提高自己的动手操作能力。

(三)艺术性

艺术性是建构游戏的一个重要特点,它强调创作、设计和审美在游戏过程中的作用。在建构游戏中,幼儿不仅仅是在追求构件的功能性,更是在创造美和进行艺术表达。

建构游戏支持幼儿进行创意设计,将他们的想法、情感通过作品进行表达。这种创意设计不仅仅是技术性的,更包含艺术性元素,如颜色、形状、布局等。

在建构游戏中,幼儿需要关注作品的整体美感和细节呈现。作品的美感要求,能够培养幼儿的审美意识,提高他们对美的敏感度和欣赏能力。

建构游戏鼓励幼儿运用不同的材料、工具和技术进行创作,使幼儿在艺术表现上有更多选择,能够从多个角度展现自己的创造力和审美观点。

三、建构游戏的教育价值

(一)发展幼儿的思维能力

建构游戏作为一种富有教育意义的学习方法,在幼儿教育领域具有独特的教育功能,能够发展幼儿的思维能力。

1.发展问题解决能力

建构游戏常涉及构建、组装、设计等活动,幼儿在实际操作中会遇到各种问题,例如,如何搭建稳定的结构、如何使机械装置正常运作等,解决问题的过程,也是幼儿学习分析问题、解决问题的过程。

2.发展创造力和想象力

建构游戏支持幼儿利用各种材料创造作品。幼儿可以通过拼接组合、变换形状等方式，将自己的构思付诸实践，从而体验到创作的乐趣，发展创造力和想象力。

3.发展空间思维和逻辑思维

在建构游戏中，将零散的构件组合为三维作品是幼儿常碰到的问题，这要求他们具备一定的空间思维能力，能够预测构件在空间中的位置和相互关系，并通过探索和实践把想法变成实物。建构游戏要求幼儿按照一定的步骤和顺序进行操作，他们需要考虑每一步操作的影响，预测结果，这些过程都能锻炼幼儿的逻辑思维能力。

4.发展手眼协调能力和精细动作

幼儿在建构游戏中需要进行各种精细的手工操作，如握取、拼装等，这些操作不仅能够锻炼幼儿的手眼协调能力，还有助于发展他们的精细动作。

（二）启发幼儿的问题意识

心理学认为，问题的有效解决高度依赖于与问题紧密相关的具体条件。在建构游戏的教育环境中，培养幼儿的问题意识是一项至关重要的任务。问题意识是指幼儿能够敏锐地察觉和意识到周围环境中的问题、矛盾和挑战，并能够积极思考和探索解决方案。通过参与建构游戏，幼儿能够探索和解决各种问题，从而在认知、情感和社会交往等方面得到全面发展。

1.建构游戏与问题意识的关系

建构游戏是一种以实践为基础的学习方式，通过搭建、拆除、组合等活动，幼儿能够深入了解物体的属性、结构和功能。在这个过程中，幼儿会遇到各种问题，例如如何使结构更稳定、如何实现预期的效果等。这些能激发幼儿思考问题产生的原因，促使他们积极地进行探索和尝试，从而培养他们的问题意识。

2.建构游戏与问题解决能力的关系

问题意识的培养与问题解决能力的发展密切相关。在建构游戏中，幼儿会面临各种挑战，需要思考如何克服困难，找到合适的解决方案。久而久之，幼儿就会形成思考问题、解决问题的习惯，从而提升解决问题的能力。

3.建构游戏与情感认知的关系

建构游戏不仅仅是一种游戏活动，还关涉幼儿情感认知的发展。在游戏过程中，幼儿会面临失败、挫折和矛盾，但他们通过自己的努力、与同伴的协商合作会逐渐克服困难，获得成功。这种积极的情感体验有助于培养幼儿的情感认知，让他们更好地理解自己和他人，学会适当地表达情感和控制情绪。

4.建构游戏与社会问题意识的关系

建构游戏的问题意识培养不仅局限于物体和结构，还能够拓展到社会认识层面。通过创造和模拟情景，幼儿可以体验到不同社会角色的生活，从而更好地理解社会问题的多样性和复杂性。这种体验有助于培养幼儿的社会问题意识，让他们在成长过程中更加关注社会问题，并为未来成为有责任担当的公民做好准备。

老师在幼儿的问题意识培养中起着重要作用，可以通过设计丰富多样的建构游戏活动，创设有挑战性的情景，培养幼儿的问题意识。

（三）培养幼儿的合作行为

游戏活动是幼儿进行社会交往的重要方式。幼儿的语言发展、人际交往能力、协商合作能力可以在游戏过程中得到发展。建构游戏通常有多人共同参与，在搭建、组合、创造的过程中，幼儿需要相互合作，共同解决问题。在合作中，幼儿不仅能够分享自己的创意和想法，还需要倾听他人的意见，协调各种观点和方法，从而实现共同的目标。这种合作过程不仅能提升幼儿的合作技能，还能促进他们的情感交流和培养同伴友谊。

1.建构游戏培养合作技能

在建构游戏中，幼儿需要与伙伴进行交流和协调，需要学会倾听他人的意见，尊重不同的观点，有效地表达自己的想法，并在团队中发挥有效作用。这些技能不仅在游戏中有用，还将对幼儿以后的学习、生活产生积极影响。

2.建构游戏促进情感发展

合作行为不仅是一种技能，还涉及情感方面的发展。通过共同合作，幼儿能够与同伴建立信任感和友谊。在游戏中，他们会面临冲突和分歧，但通过积极合作和沟通，能够学会如何处理情绪情感，建立积极的人际关系。

3.建构游戏培养社会责任感

在建构游戏中,幼儿需要在团队中发挥自己的作用,为共同的目标做出贡献。他们会意识到每个人的努力将会对整个团队的成果产生影响,这种体验有助于培养幼儿的集体意识和社会责任感。

老师在建构游戏中发挥着重要作用,可以通过创造有利于合作的教育环境,鼓励幼儿分享、协作和解决冲突。老师还可以设计多样化的合作任务,引导幼儿在游戏中体验不同的合作模式,从而培养他们多样的合作能力。同时,老师还应该注重培养幼儿的情感认知能力,引导他们理解和表达自己的情感,从而更好地与他人合作。

任务二

建构游戏的组织与指导

案例引入

在一次积木搭建的游戏中，老师投放了许多积木材料，想象着孩子们能够搭建出许多造型各异的作品，但是结果并非如此。有的孩子拿到积木以后，不断平铺、垒高、围合，占用的积木数量众多。不一会儿，小朋友们开始抱怨积木不够用，甚至还出现了争抢积木的情况。

1. 你认为老师应该如何组织与指导接下来的游戏活动？

2. 在建构游戏开始前、游戏过程中、游戏结束后老师应该做好哪些工作？

任务准备

1. 内容准备：明确需要讨论的主题与内容。

2. 人员准备：6—8人为一组，选定小组长，小组成员进行分工。

3. 用物准备：纸、笔、教材及相关参考书。

4. 地点准备：选择讨论的地点和确定座次顺序。

工作表单

工作表单1

小组讨论

结合掌握的理论知识和拥有的见习经验，分组讨论开展建构游戏前应该做些什么准备，需要确定哪些要素？

	需要做的准备	需要确定的要素
小组一		
小组二		
小组三		
小组四		

工作表单 2

视频分析

扫码观看幼儿建构游戏视频,分析总结幼儿建构游戏指导要点。

项目	指导要点
游戏开始前	
游戏过程中	
游戏结束后	

工作表单 3

思考总结

扫码观看幼儿建构游戏视频,思考总结不同年龄班幼儿建构游戏的特点和指导要点。

年龄班	游戏特点	指导要点
小班		
中班		
大班		

任务分析

本次任务我们将结合案例学习幼儿建构游戏的组织与指导，明确幼儿建构游戏的指导分三个阶段，分别为游戏前、游戏中、游戏后，每个阶段的侧重点各不相同；对不同年龄班的幼儿进行建构游戏指导应综合考虑幼儿的发展水平，做到差异化指导。

学习支持

一、游戏开始前的指导

（一）指导幼儿认识建构材料的类型

建构游戏的核心是通过搭建、组合、拼装等，将不同的材料变成具有新功能和意义的结构物。在游戏开始前，老师要引导幼儿认识与游戏主题相关的材料，了解材料的颜色、形状、大小、用途等，指导幼儿熟悉材料的操作方法。在建构游戏中，建构材料一般划分为专门建构材料、自然建构材料以及废旧物品材料。表5-1是一些常见的建构材料及其特点。

表5-1　常见建构材料及其特点

建构材料	特点
积木	不同形状、大小的积木可组合出各种结构模型
磁性玩具	具有磁性的玩具部件能够吸附在一起，形成稳定的结构
穿线珠	可以用线穿过珠子，串成不同的形状
积塑	可以通过连接等将单个部件组合成立体结构
纸张、胶水	可以使用纸张和胶水创造出各种平面结构和立体模型
废旧材料	生活中可以用于建构游戏的废旧物品
自然材料	用沙、土、泥等塑造各种形状

（二）引导幼儿探索建构材料的特点

在认识建构材料类型的基础上，老师可以引导幼儿通过触摸、观察等方式，进一步探索材料的特点。例如，可以组织活动，让幼儿自由地操作积木、磁性玩具等，体验材料的吸附、黏合等属性。通过亲身体验，幼儿能够更加深入地理解材料的特点，为后续的建构活动做好准备。

（三）指导幼儿掌握建构技能

建构技能是幼儿构造物体的基础。老师要引导幼儿探索各种建构材料的使用方法以及材料与物体之间的关系。如幼儿搭建“城堡”时，帮助他们掌握垒高、围合等技能；搭建“马路”时，引导他们学习平铺、延长、加宽等技能。

表5-2 各年龄班幼儿需要掌握的建构技能

年龄班	建构技能	表现
小班	堆高、平铺	在接触积木一个月后，2—3岁的幼儿就掌握了堆高和平铺技能
	围合	围合是一种构建技巧，它要求幼儿使用有限的积木搭建出一个封闭的结构，将一块空间完全包裹在内。对幼儿来说，这并非易事，因为这需要他们具备一定的空间感知能力和规划能力。一旦幼儿掌握了围合技能，他们的建构活动将变得更加丰富。这种技能的培养有助于提升幼儿的创造力、空间想象力和解决问题的能力，使他们的搭建作品更加多样化和有趣
	加宽	加宽是在堆高、平铺、围合的过程中对空间的拓展。如建构游戏“造桥”中，幼儿会根据需要加宽桥面
	延长	延长是空间距离的加长。如幼儿在利用雪花片拼接时，就可以随意延长或缩短长度
中大班	架空	架空是一种建构技巧，指的是将一块积木放置在两块已放置好位置但相互间有一定间隔的积木之上，从而在空中形成一个支撑结构
	插接、镶嵌	插接是一种构造方法，指的是将一块积木的某个部分（如凸起的部分）精确地插入另一块积木的相应部分（如凹槽），从而使两块积木紧密连接在一起，形成一个稳固的整体。镶嵌则是一种与插接类似的技术，它要求将一个物体（如小块的积木或模型）精确地嵌入另一个物体（如大块积木或底座）的特定位置中，使它们融为一体
	排列、组合	排列包括延长排列、铺平排列、围合排列、间隔排列、拼图排列等。组合是指一个建构作品是由许多部件组合起来的
	按模式搭建	中大班幼儿可以将材料按一定的方式排放在一起，开始探索多种建构的方法或“模式”，例如，在一块红积木之后接着放两块黄积木，然后重复这种组合，“红—黄—黄”就构成了一种颜色模式。在建构游戏中出现“模式”建构技能标志着幼儿有了事物相互关联的认知
	编织、黏合	编织是将绳、线、藤条、布带、棕等细长且柔韧性强的东西交叉组织起来。大班幼儿可利用编织/黏合技能建构较复杂、精细、匀称的物体形状。如“草编”“棕编”等

(四)进行示范和启发

在游戏开始前,老师可以进行简单示范,展示如何使用不同的建构材料进行搭建、组合。通过示范,幼儿可以获得一些基本的构建技巧和思路。同时,老师还可以通过展示一些已完成的建构作品,启发幼儿的创意和想象力,让他们能够在游戏中更自由地表达自己的构思。

(五)引导幼儿提出问题

引导幼儿提出问题,可以激发幼儿的探究欲望,促使他们主动思考、猜想和预测,从而更加主动地参与到建构游戏中。在进行建构材料认识的过程中,老师应营造积极的学习氛围,鼓励幼儿敢于尝试、勇于提问,并给予积极的反馈和鼓励。同时,老师还可以组织小组讨论,让幼儿分享自己的发现和想法,促进彼此之间的学习交流。

(六)提供游戏时间、场地和材料

老师要保证幼儿充足的游戏时间,在一日活动安排中,要有专门的建构游戏时间,还要为幼儿提供安全、宽敞的游戏场所和丰富的建构材料。老师要根据游戏的主题、目标等分年龄特点、游戏水平投放游戏材料,充分发挥幼儿的主动性和创造性。

二、游戏过程中的指导

游戏过程中,老师需要创造良好的学习环境,激发幼儿的兴趣,引导幼儿在游戏中充分发挥想象力和创造力。

(一)激发幼儿参与建构游戏的兴趣

在游戏开始时,老师应该通过一系列策略激发幼儿参与建构游戏的兴趣。

1.材料投放

老师可以将各种建构材料投放在游戏区域,创造出吸引幼儿的视觉效果。幼儿在看到丰富多样的材料时,会自然而然地产生探索和尝试的欲望。

2.范例引入

老师可以事先准备一些简单的建构范例,展示如何使用材料进行建构。通过观看范例,幼儿可以获得一些启发,从而更有信心和兴趣进行建构尝试。

3. 情景创设

老师可以通过情景创设，引发幼儿的兴趣。例如，在游戏区域设置一个小超市，让幼儿自行购置材料，创造属于自己想象中的世界。

（二）引导幼儿发挥想象力和创造力

建构游戏强调幼儿的创造和想象，老师需要在游戏过程中不断引导幼儿充分发挥这些潜能。

1. 提供幼儿自主选择的机会

在建构材料和主题的选择上，给予幼儿一定的自主权，让他们自由选择材料和主题，发挥自己的创意，从而更好地表达自己的想法。

2. 鼓励幼儿进行思考

当幼儿在建构过程中遇到问题时，老师可以通过询问、提示等方式引导他们进行思考，同时鼓励他们尝试多种解决方案。在游戏过程中，老师应该鼓励幼儿积极表达自己的想法和创意，可以组织小组讨论，让幼儿分享自己的构思，借此激发其他幼儿的灵感，促进彼此之间的学习交流。

（三）创造挑战机会和进行适当支持

在建构游戏中，老师既要给幼儿创造面对挑战的机会，也要提供适当的支持。如果任务过于简单，幼儿可能失去兴趣；如果任务过于困难，幼儿可能感到沮丧。老师可以根据幼儿的年龄、兴趣和能力，设计不同难度的任务，以确保他们在游戏中既有成就感又有进步空间。

（四）启发幼儿自主设计建构活动

老师可以通过启发的方式，引导幼儿自主设计建构活动。例如，提出一些问题或提供一些素材，让幼儿思考如何用建构材料来解决问题或创设情景。通过启发，培养幼儿的问题解决能力和创新思维，使他们更加积极地参与游戏。

（五）观察记录幼儿的建构水平

在游戏过程中，老师要注意观察和记录幼儿的建构水平，包括观察幼儿选择的材料、构建的方法、解决问题的策略等。通过观察，老师可以精确把握幼儿的兴趣倾向和独特能力，从而为他们提供个性化指导，支持他们的游戏活动。

（六）介入游戏中进行引导

在观察的基础上，老师可以根据幼儿的情况介入游戏中，引导他们进行更深入的探索和尝试。在引导过程中，老师需要保持耐心，对幼儿进行鼓励，避免直接给出答案。要通过引导，让幼儿积极思考和大胆尝试。这样的引导能够帮助幼儿发展解决问题的能力和创造性思维。

三、游戏结束后的指导

在游戏结束后，老师应该组织幼儿欣赏彼此的建构作品，这不仅可以激发幼儿的自豪感，还可以促进他们进行相互学习，取长补短。在欣赏幼儿的作品时，老师可以引导幼儿讨论作品的特点、创意等，从而培养幼儿的观察力和分析能力。在评价幼儿作品时，老师应注重正向的、具体的反馈，避免批评或泛泛而谈的评价。例如，可以说“建筑物很稳定，颜色搭配也很和谐”等。

四、各年龄班建构游戏的特点与指导要点

不同年龄阶段的幼儿在建构游戏中会展现出不同的特点，会有不同的需求，因此，老师需要针对不同年龄班的幼儿，提供相应的指导和支持。

（一）小班建构游戏的特点与指导要点

1. 游戏特点

（1）游戏的意识性、目的性不强。小班幼儿建构活动的意识性、目的性不强，他们只对建构的动作感兴趣，而不在乎建构出什么造型的物件。

（2）处于独自游戏和平行游戏阶段。小班幼儿在进行建构游戏时，他们的作品命名常常呈现出灵活性和变化性。他们可能随时更换作品的名称，或者在完成建构作品后，根据作品的某个显著外观特征来命名。然而，在描述作品的细节和构成时，他们的描述通常不详细或不准确，这表明他们的建构思维和语言表达能力的发展还不健全。

（3）游戏时嬉戏性较强。小班幼儿在参与建构游戏时，更倾向于享受其中的嬉戏

乐趣，他们的作品往往呈现出较为简单的结构。这种游戏方式更多地体现了幼儿对游戏本身的热爱和兴趣，而并非对作品复杂性的追求。

2. 指导要点

（1）引导幼儿认识积木、纸盒等材料，学习高低、宽窄、厚薄、长短等概念，引起幼儿运用材料进行建构游戏的兴趣。

（2）引导幼儿学习连接、延长、围合、加宽、垒高等主要建构技能，提高幼儿建构游戏水平。鼓励幼儿自己探索学习建构技法，搭建简单的三维物体，例如，让小班幼儿在建构区搭建马路、围墙等简单物体。

（3）引导幼儿树立建构游戏的规则意识，例如轻拿轻放、不乱扔、收拾整理玩具等。

（二）中班建构游戏的特点与指导要点

1. 游戏特点

（1）游戏的意识性、目的性更强。中班幼儿会有意识、有目的地设计建构主题，并在建构过程中思考和调整方案。

（2）处于合作游戏阶段。中班幼儿逐渐从独自游戏、平行游戏转向合作游戏，游戏中进行分工和合作。

（3）作品结构较为复杂。中班幼儿在建构游戏中开始发挥想象力和创造力，尝试用不同材料，用对称、平衡等构造技能进行建构，作品结构较为复杂。

2. 指导要点

（1）引导幼儿认识更多类型的建构材料，如积木、沙、土、纸盒等，并引导他们运用这些材料进行建构。

（2）鼓励幼儿在建构游戏中发挥想象力和创造力，引导他们学习更复杂的建构技法，如对称、平衡等，提高他们的建构水平。

（3）鼓励幼儿进行合作游戏，培养他们的团队合作精神。

（4）提供作品构造图，引导幼儿看图纸搭建，培养他们的空间概念。

（三）大班建构游戏的特点与指导要点

1. 游戏特点

（1）游戏主题明确，计划性强。大班幼儿的建构游戏有明确的主题和目标，他们会根据主题选择材料并进建构。

（2）处于合作游戏阶段。大班幼儿在建构游戏中能够进行有效合作，共同完成复杂的建构任务。

（3）作品结构复杂，具有创造性。大班幼儿在建构中能够运用各种材料和技巧，作品结构复杂、具有创造性。

（4）注重作品的功能性。大班幼儿在建构游戏中开始注重作品的功能性，他们会根据实际需要设计作品。

2. 指导要点

（1）为幼儿提供多样化的低结构材料，如积木、线和珠子、纸板等，鼓励他们自主设计和制订计划，引导他们运用不同的材料和技法进行创造性建构。

（2）引导幼儿学习更复杂的建构技法，如对称、平衡等，提高他们的建构水平。鼓励他们在建构游戏中发挥想象力和创造力，尝试用不同材料建构作品。

（3）鼓励幼儿进行合作游戏，培养他们的团队合作精神。

在游戏结束后，老师应欣赏与评价幼儿的作品，鼓励他们的创意和努力。同时，针对不同班级的特点，提供相应的指导和支持，以满足幼儿的学习需求，促进他们在建构游戏中的全面发展。

项目评价

主题	内容	优秀	良好	一般	较差	很差
学习态度	能准时参加本次学习，并完成学习任务	5	4	3	2	1
专业知识	理解建构游戏的内涵，掌握建构游戏的特点和重要性	5	4	3	2	1
团队协作	积极参与讨论，对其他人的发言能提出合理见解。能很好地融入课堂讨论，共同推进学习进程	5	4	3	2	1

续表

主题	内容	优秀	良好	一般	较差	很差
沟通交流	能够清晰准确地表达自己的观点，与他人交流时态度、语气恰当	5	4	3	2	1
实践应用	能分析幼儿建构游戏案例，说明优点与不足	5	4	3	2	1
自我小结						

项目小结

在本项目中主要介绍了幼儿建构游戏的概念、特点、教育价值以及不同年龄班幼儿建构游戏组织与指导要点等。学生通过学习应该具备游戏开始前、游戏过程中、游戏结束后三个阶段的相关指导知识。

直通赛证

一、选择题

幼儿用积木、沙、雪等材料模仿建构周围生活中物品的游戏是(　　)。

A.表演游戏　　B.建构游戏

C.角色游戏　　D.规则游戏

二、简答题

简述积木搭建等建构游戏对幼儿发展的影响。

三、材料分析题

阅读材料，回答问题。

大班幼儿在玩积木时出现了自发探究行为，其探究过程与结果为：场景1中有一些积木，两个孩子正在给一个天秤的两边放上积木，试图使其平衡；场景2中有一个搭好的两边已经平衡了的天秤。游戏中使用的积木较大且大都为长方体。

1.场景1中的幼儿在搭建中可能遇到什么问题?

2. 在解决问题的过程中幼儿能获得哪些经验?

3. 该游戏中的材料有什么特点,这些特点对幼儿的学习活动有什么影响?

实践实训

选择一个班级,设计一个符合该班幼儿特点的建构游戏。要求制订一份完整的、详细的建构游戏活动方案,活动方案包括活动目标、活动过程。活动目标符合幼儿的特点且具有可实现性,活动过程包括活动导入、指导过程等方面。

推荐阅读

[1]曹春香.建构区活动指导手册[M].北京:北京师范大学出版社,2017.

[2]刘焱.儿童游戏通论[M].福州:福建人民出版社,2015.

项目六

幼儿智力游戏的组织与指导

学习目标

知识目标

1. 熟悉幼儿智力游戏的特点和教育作用；

2. 掌握不同类型智力游戏的特点和组织方法。

技能目标

1. 能设计各种类型的智力游戏；

2. 能运用掌握的基本技能组织与指导幼儿智力游戏。

素养目标

1. 对幼儿智力游戏有正确的认识，乐于参加智力游戏的教学实践活动；

2. 对幼儿有爱心、耐心，热爱学前教育事业。

学习重难点

学习重点

1. 知道智力游戏的种类；

2. 掌握不同类型智力游戏的特点。

学习难点

1. 掌握指导智力游戏的基本技能；

2. 根据幼儿的年龄特点等，设计和组织智力游戏。

思维导图

- 幼儿智力游戏的组织与指导
  - 幼儿游戏的认识
    - 智力游戏的概念
    - 智力游戏的特点
    - 智力游戏的教育价值
  - 智力游戏的类型
    - 发展感官的智力游戏
    - 发展记忆力的智力游戏
    - 发展想象力和创造力的智力游戏
    - 发展思维能力的智力游戏
  - 智力游戏的组织与指导
    - 游戏开始前的指导
    - 游戏过程中的指导
    - 游戏结束后的指导
    - 各年龄班智力游戏的特点与指导要点

任务一

智力游戏的认识

案例引入

区角游戏开始了，小朋友们来到益智区，宁宁选择了拼图游戏。只见宁宁不断地进行尝试，玩得很投入，且自言自语道："好像不是这块""试试这个"……很快他就完成了拼图。

试分析宁宁的游戏行为特点。

任务准备

1. 人员准备：6—8人为一组，选定小组长，小组成员进行分工。
2. 用物准备：纸、笔、教材及相关参考书。

工作表单

工作表单1

视频分析

扫码观看幼儿智力游戏视频，分析视频中幼儿做了什么，说了什么，有哪些情绪情感。

工作表单2

思考总结

请结合你对幼儿智力游戏特点和教育价值的理解，总结智力游戏的内涵和特点，完成下表。

智力游戏的内涵	智力游戏的特点

工作表单3

思考总结

思考并分析智力游戏对幼儿的教育价值。

任务分析

本次任务我们将深入了解智力游戏的概念、特点、教育价值，以及不同类型的游戏对幼儿发展的影响。在此基础上，学习如何更好地组织和指导幼儿智力游戏活动，在游戏中与幼儿进行良好互动，促进他们的健康成长。

学习支持

一、智力游戏的概念

智力游戏是一类旨在培养逻辑推理能力和问题解决能力的游戏形式。与娱乐性游戏不同,智力游戏更加强调思考和策略,幼儿通过完成挑战性游戏任务,锻炼大脑、增长知识、提升智力水平。

二、智力游戏的特点

(一)趣味性

幼儿智力游戏要有趣味性,能够吸引幼儿的注意力,让他们在愉快的氛围中参与游戏。保证幼儿智力游戏趣味性的方法有以下几点。

1.投放游戏材料

在幼儿园中开展智力游戏活动,需要使用生动、有趣的游戏材料,如积木、拼图等,这些材料可以帮助幼儿更好地参与游戏,提高游戏的趣味性。

2.创造多样玩法

幼儿园教学中,需要设计多种不同类型的智力游戏,如竞赛、合作、模仿类等,这样可以让幼儿在游戏中体验到不同的乐趣。

3.使用音乐和视频

可以使用音乐和视频来增加幼儿园智力游戏的趣味性,例如通过播放舒缓的音乐营造良好氛围,让幼儿更加投入地参与游戏活动;观看主题视频可以让幼儿更好地理解游戏的规则和玩法。

(二)互动性

幼儿智力游戏的互动性主要体现在以下几个方面。

1.合作与分享

智力游戏可以培养幼儿的合作精神和分享意识。例如,多人游戏可以让幼儿都有机会参与到游戏中来，共同完成游戏任务，这样的游戏可以让幼儿更好地了解彼此，增进彼此之间的友谊。

2.交流与沟通

幼儿智力游戏大都有一定的规则和要求，幼儿需要通过交流和沟通了解这些规则和要求，达成共识后才能更好地完成游戏目标。在游戏过程中，幼儿如何分工、如何做好配合，也需要他们进行充分交流。通过游戏，幼儿能更好地了解他人并学习如何与他人相处与合作，提升沟通技巧和能力。

（三）挑战性

智力游戏的挑战性，在一定程度上能激发幼儿的创新思维。幼儿智力游戏的挑战性主要体现在以下几个方面。

1.难度适宜

幼儿智力游戏的难度应该根据幼儿的认识水平逐渐增加，以激发幼儿的参与兴趣和创造力。挑战性强的游戏可以让幼儿获得知识、技能等，但也要确保幼儿能够理解和掌握游戏的要点，不能因太难打击幼儿的积极性。必要时老师应给予协助。

2.目标明确

幼儿智力游戏应该有明确的目标，例如提高某一项技能或者培养某种习惯等。目标明确，才能更好地进行游戏指导，才能更好地引导幼儿的发展。

三、智力游戏的教育价值

（一）智力游戏可以促进幼儿认知能力的发展

通过游戏，幼儿可以认识物体的性质和用途以及事物之间的关系、动作和结果之间的关系，学习到不同的概念，如颜色、形状、数字、空间等。智力游戏可以帮助幼儿提高感知能力，锻炼思维能力、注意力、记忆力等。

（二）智力游戏可以促进幼儿语言能力的发展

在智力游戏中，幼儿需要使用语言描述他们所做的事情，表达他们的想法和感受，以及与其他孩子或成人进行沟通，由此可以提高幼儿语言表达的准确性和流畅性，从而促进他们的语言表达能力。此外，智力游戏还可以帮助幼儿学习科学知识，拓展认知范围。

（三）智力游戏可以促进幼儿社会性的发展

通过玩拼图游戏，幼儿可以学习如何与同伴合作，共同完成一个任务；通过玩逻辑推理游戏，幼儿可以学习如何思考问题和解决问题；通过玩迷宫游戏，幼儿可以学习如何面对挑战和解决问题等。同时，智力游戏也可以培养幼儿良好的性格和情感态度，例如耐心、自信心、上进心等。

总之，幼儿智力游戏不仅可以帮助幼儿提高认知能力和逻辑思维能力，还可以促进幼儿的社会性发展，对幼儿的全面发展具有重要意义。

任务二

智力游戏的类型

案例引入

中班幼儿小华和小明正在玩一款名为“数字找茬”的智力游戏。游戏板上有两幅图，每幅图中都有一些数字，它们看似相同，但其实有微小的差异。小华和小明的任务是用“指指点点”的方式找出这些差异。

1. 试分析这款智力游戏如何促进幼儿的观察力和注意力发展。

2. 在游戏过程中，小华和小明可能遇到的困难有哪些，他们该如何共同解决这些问题？

任务准备

1. 用物准备：纸、笔、教材及相关参考书。

2. 经验准备：学习幼儿智力游戏相关理论知识，观看幼儿智力游戏教学实践活动或视频。

工作表单

工作表单1

小组讨论

进行小组讨论，分析开展智力游戏前应该做哪些准备。

工作表单2

视频分析

扫码观看幼儿智力游戏视频，结合所学理论知识和实践经验，思考并总结幼儿智力游戏的类型。

幼儿智力游戏的类型有：

任务分析

根据游戏目标不同，智力游戏可以分为训练感官的智力游戏、发展注意力和记忆力的智力游戏、发展想象力和创造力的智力游戏以及发展思维能力的智力游戏等。学习智力游戏的分类，有利于更好地在游戏中与幼儿进行互动，并为他们提供指导和支持。

学习支持

一、发展感官的智力游戏

感觉器官越灵敏，收获的信息就越多，感性经验就越丰富，因此，开展训练幼儿听觉、视觉、触觉、嗅觉和味觉等多个感官的游戏活动意义重大。

（一）听觉游戏

幼儿听觉游戏的训练任务主要包括分辨声音的特征、判定声源的方向和根据声音识物或做出相应的动作。

声音的性质包括音高、音长、音节、音色等，游戏活动中老师可以针对性地进行训练。如幼儿静坐闭眼，老师提供各类动物的叫声、汽车的鸣笛声等，让幼儿做出判断。老师也可以选择几种物品（铃铛、钥匙扣、书、球等），先让幼儿观察物品和聆听各种物品发出的声音，然后幼儿蒙上眼睛，老师让物品发出声音，引导幼儿判断是哪种物品发出的声音。表6-1为常见的听觉游戏类型。

表6-1　常见的听觉游戏类型

游戏类型		游戏内容
分辨声音特征的游戏	音高辨别游戏	通过播放不同音高的声音，让幼儿学习识别声音的高低
	节奏辨别游戏	通过播放不同节奏的音乐，让幼儿学习识别不同的音节
	音符辨别游戏	通过播放不同类型的音符，让幼儿学习识别不同的音符并了解其含义
判定声源声向的游戏	声音追踪游戏	在相对安静的环境中，让幼儿根据游戏中提供的声音找出声源的位置。这种游戏可以锻炼幼儿的听觉判断能力
	听力测试游戏	提供一段音频，并要求幼儿在听完这段音频后回答一些问题，以测试他们的听力水平。这种游戏可以帮助幼儿提高听觉判断能力

（二）视觉游戏

视觉游戏是为促进幼儿视觉能力和认知能力而设计的，通过色彩、形状、大小等元素，吸引幼儿的注意力，帮助他们锻炼视觉敏锐度和视觉协调能力。

1. 分辨颜色的游戏

分辨颜色的游戏可以帮助幼儿锻炼视觉辨别能力和颜色认识能力。分辨颜色的游戏要遵循由简单到复杂的原则，也就是从单一颜色逐渐过渡到多种颜色。

2. 分辨图形的游戏

分辨图形的游戏可以锻炼幼儿的视觉辨别能力和形状认知能力，如能够帮助幼儿认识和记忆各种形状的名称和特征。常见的分辨图形的游戏有找图形游戏、找相同游戏、找不同游戏和找错误游戏等。表6-2为常见的视觉游戏类型。

表6-2　常见的视觉游戏类型

<table>
<tr><th colspan="2">游戏类型</th><th>游戏内容</th></tr>
<tr><td rowspan="2">分辨颜色的游戏</td><td>单一颜色分辨游戏</td><td>比如识读“黑白卡”</td></tr>
<tr><td>颜色的合成游戏</td><td>1. 填色游戏：提供一些图形，让幼儿使用彩色笔或颜料为图形上色
2. 颜色配对游戏：提供一些彩色卡片，每张卡片上有一种颜色，让幼儿找到相同颜色的卡片进行配对
3. 色彩混合游戏：让幼儿尝试将不同的颜色混合在一起，观察混合后的颜色变化
4. 颜色追踪游戏：在纸上绘制一些不同颜色的线条或形状，让幼儿用相同颜色的笔或颜料进行追踪</td></tr>
<tr><td rowspan="5">分辨图形的游戏</td><td>数图形游戏</td><td>数图形游戏中的图形一般有几何图形、美术图形。几何图形单一不易激发幼儿的游戏兴趣。美术图形画面生动有趣，容易吸引幼儿。常见的数图形游戏有数字连线、形状分类、数字排序和拼图游戏等</td></tr>
<tr><td>找图形游戏</td><td>1. 把一组物品画成重叠的图，请幼儿来分辨
2. 给出一些局部的线索，要求幼儿通过观察推知隐藏的事物的整体
3. 将某一图形隐藏在干扰图案中，让幼儿分辨和寻找
4. 找出指定图形的位置
5. 找到隐藏的图形并数出来</td></tr>
<tr><td>找相同游戏</td><td>1. 指定图形，要求幼儿在一组相似图形中寻找与之相同的
2. 找局部相同</td></tr>
<tr><td>找不同游戏</td><td>呈现两幅形状相似图片，找到其中的细微不同</td></tr>
<tr><td>找错误游戏</td><td>1. 美术错误。如“鱼有脚”等
2. 逻辑错误。如“鱼在天上飞”等</td></tr>
</table>

（三）触觉游戏

触觉游戏是指通过触摸并感知不同物体、材料和温度等，提高触觉感知能力、手部协调能力和想象力的游戏活动。这类游戏结合了趣味性和教育性，能够促进幼儿形成形状、纹理和温度等概念，同时也有助于培养他们的探索精神和好奇心。

触觉游戏包括触摸辨物游戏、触摸分类游戏、触摸造型游戏。触摸辨物游戏以“摸一摸”为主要构思，通过游戏丰富幼儿的触觉经验，加深幼儿对物品性质的认识。触摸分类游戏是给出一个分类的标准，幼儿在触摸辨别的基础上将物品进行归类。触摸造型游戏是分辨各种物品造型的特征，发展幼儿的图形认知能力。

二、发展记忆力的智力游戏

幼儿记忆力游戏是一种旨在提高幼儿记忆力、注意力和认知能力的游戏。

（一）图形配对游戏

将一些图片或物品摆放在幼儿面前，让幼儿观察一会儿，然后将其中一个或一些拿走，让幼儿说出缺失了哪个或哪些。这类游戏可以锻炼幼儿的记忆力和注意力。

（二）顺序记忆游戏

将一些物品或图片按照一定的顺序排列，让幼儿观察并记忆这个顺序，然后将物品或图片打乱，让幼儿按照记忆的顺序重新排列。

（三）联想记忆游戏

这种游戏有配对联想和符号替代等形式，强调材料的关联性。如给出一组匹配的实物、图形或词语，让幼儿在一定时间内识记，然后再提供单个材料让他们根据记忆进行连线、填图等，对幼儿的瞬时记忆能力培养有很大作用。

三、发展想象力和创造力的智力游戏

通过游戏培养幼儿的想象力和创造力是非常重要的，可以帮助他们更好地理解世界，提高创新能力。

(一)想象再造游戏

想象再造是根据语言的描述或图样的示意,在人脑中形成新形象的过程。想象再造游戏是以想象为基础,在已有生活经验的基础上进行新形象生成的游戏活动。

1.图片补缺游戏

图片补缺游戏指提供一幅完整的图片,然后从中抽取某个部分,让幼儿根据自己的记忆来补全这个部分。

2.拼图游戏

拼图游戏是一种智力性非常强的结构游戏。拼图游戏在建构游戏和智力游戏中的侧重点不同,在建构游戏中拼图游戏侧重于培养幼儿的动手操作能力,而在智力游戏中拼图游戏侧重于促进智力的发展。表6-3为常见的智力拼图游戏。

表6-3 常见的智力拼图游戏

游戏类型	游戏内容
动物拼图	以各种动物为主题,培养幼儿对动物的认知能力和喜爱之情
植物拼图	以各种植物为主题,培养幼儿对植物的认知能力和环保意识
交通工具拼图	以各种交通工具为主题,培养幼儿对交通工具的认知和兴趣
建筑物拼图	以各种建筑物为主题,培养幼儿对建筑物的认知和空间感
人物拼图	以各种人物为主题,培养幼儿对人物的认知和情感表达
形状拼图	以三角形、圆形、正方形等形状为主题,培养幼儿对形状的认知和空间感
色彩拼图	以各种颜色为主题,培养幼儿对颜色的认知和审美能力
场景拼图	以公园、海滩、农场等场景为主题,培养幼儿对生活场景的认知和想象力

(二)想象创造游戏

想象创造游戏是在想象的基础上,创造出新形象的游戏形式。想象创造游戏主要包括以下几种。

1.图形联想游戏

图形联想游戏是指幼儿根据某一简单的图形进行广泛的联想,尽可能多地想象出一些物品。如给出"圆圈"图形,幼儿可以想象到"月亮""饼"等。

2. 词语联想游戏

提供一个词语，让幼儿说出与该词语相关的其他词语。这类游戏有助于培养幼儿的语言表达能力和联想能力。

3. 画面联想游戏

展示一幅图画，让幼儿自由地想象和描述其中的故事。这类游戏有助于培养幼儿的观察力和想象力。

4. 故事联想游戏

讲述一个故事，让幼儿在故事的基础上进行联想和创作，如延续故事情节、改编故事情节等。这类游戏有助于培养幼儿的创意思维和语言表达能力。

5. 物品联想游戏

展示一个物品，让幼儿说出与该物品相关的其他物品或场景等。

四、发展思维能力的智力游戏

发展思维能力的智力游戏是指专门开发的针对幼儿思维能力发展的游戏，旨在通过游戏活动提高幼儿的观察、探索、推理、解决问题等能力，让幼儿初识比较、分类、排序等概念。常见的发展思维能力的智力游戏如表6-4所示。

表6-4　常见的发展思维能力的智力游戏

游戏类型	游戏内容	
分类与归类游戏	颜色分类游戏	老师可以准备一些不同颜色的物品，如彩色球、彩色卡片等，让幼儿按照颜色进行分类
	形状分类游戏	老师可以准备一些不同形状的物品，如三角形、圆形、正方形等，让幼儿按照形状进行分类
	大小分类游戏	老师可以准备一些不同大小的物品，如小球、大球等，让幼儿按照大小进行分类
	物品归类游戏	老师可以准备一些不同种类的物品，如球类、交通工具类、水果类等，让幼儿按照物品的属性进行归类
比较类游戏	图形寻异	寻找不同物品的相同点和相同物品的不同点，如“形状寻异游戏”“图案寻异游戏”
	图形填充	如“九宫格图形填充”等

任务三 智力游戏的组织与指导

案例导入

在幼儿园的活动室里，小班的小明和小红正在玩一款名为“形状拼图”的智力游戏。他们每人手中有一组五彩缤纷的拼图块，上面分别有不同的图案。小明积极挑战，将所有拼图块按照正确的形状和颜色拼在一起，而小红则在一旁观察、鼓励和帮助。

请分析这款智力游戏对促进幼儿认知发展的作用。

任务准备

1. 内容准备：明确需要讨论的主题与内容。
2. 人员准备：6—8人为一组，选定小组长，小组成员进行分工。
3. 用物准备：纸、笔、教材及相关参考书。
4. 地点准备：选择讨论的地点和确定座次顺序。

工作表单

工作表单1

小组讨论

分小组讨论组织智力游戏前应该做什么准备。

项目	内容
准备一	
准备二	

续表

项目	内容
准备三	
准备四	
其他准备	

工作表单2

视频分析

扫码观看幼儿园智力游戏相关视频，结合理论知识，思考智力游戏开展前、游戏过程中、游戏结束后的指导要点。

项目	指导要点
游戏开始前	
游戏过程中	
游戏结束后	

工作表单3

思考总结

思考各年龄班智力游戏的特点及指导要点，完成下表。

年龄班	特点	指导要点
小班		
中班		
大班		

任务分析

本次任务我们将结合案例学习幼儿智力游戏的组织与指导，明确幼儿智力游戏的指导分三个阶段，分别为游戏前、游戏中、游戏后，每个阶段的侧重点各不相同。对不同年龄班的幼儿进行智力游戏指导应综合考虑幼儿的发展水平，做到差异化指导。

学习支持

一、智力游戏的组织与指导

1.游戏开始前的指导

在游戏开始前，一是确定游戏主题和游戏内容。对于年龄较小的幼儿，可以选择简单易懂、趣味性强的游戏，如拼图、连连看等；对于年龄较大的幼儿，可以选择更具挑战性的游戏，如迷宫游戏等。二是介绍游戏规则。老师应向幼儿详细介绍游戏的规则和玩法，让幼儿明白游戏的目标和要求，以便更好地投入游戏中。三是指导幼儿分组。对于需要分组的游戏，老师应指导幼儿进行分组，让幼儿明白自己的任务。四是提醒幼儿遵守纪律。老师应提醒幼儿在游戏中遵守纪律、不大声喧哗、不乱扔道具、尊重同伴等。

2.游戏过程中的指导

一是老师应仔细观察幼儿在游戏中的表现，了解幼儿的兴趣、能力、技巧等，以便根据幼儿的需要提供适当的指导。二是当幼儿在游戏中遇到困难时，老师可以给予提示和帮助，让幼儿能够顺利地进行游戏，并感受到游戏的乐趣。三是老师应鼓励幼儿在游戏中与同伴合作交流，让幼儿学会分享和合作，提高幼儿的社会交往能力。

3.游戏结束后的指导

在智力游戏结束后，老师可以根据幼儿的表现等进行分析总结。一是对幼儿的表现进行评价。老师可以根据幼儿在游戏中的表现，对幼儿的反应速度、思维能力、合作精神等进行评价。二是给予幼儿反馈和建议。老师可以根据幼儿的表现，说明他们在游戏中的优点和不足，以及如何提升游戏水平。三是老师可以根据幼儿的表现，为幼儿提供更高难度的游戏，或者鼓励幼儿尝试新的游戏。四是老师可以引导幼儿对游戏过程进行总结和反思，让幼儿思考自己在游戏中的表现，以及如何提高自己的游戏水平。五是老师可以鼓励幼儿在游戏结束后分享自己的经验和感受，与其他幼儿交流，提高语言表达能力。

二、各年龄班智力游戏的特点与指导要点

（一）小班智力游戏的特点与指导要点

1.小班智力游戏的特点

一是内容简单。小班智力游戏的规则和玩法通常很简单，容易让幼儿理解。这有助于幼儿快速上手，增强自信心，减少挫败感。二是启发性强。小班智力游戏能够启发幼儿的思维和创造力，帮助幼儿学会解决问题和进行思考。三是趣味性强。小班智力游戏通常很有趣，能够吸引幼儿的注意力，让幼儿在快乐的氛围中学习，提高学习效果。

2.小班智力游戏的指导要点

一是游戏应该目标明确、规则简明，以便幼儿能够快速理解和参与。二是游戏的难度要适中，既能够激发幼儿的兴趣和好奇心，又要有一定的挑战性，让幼儿在游戏中有所收获，有所提高。三是游戏的形式应该多样，既可以是动手操作的，也可以是口头表达的，还可以是音乐、绘画等多种形式的，以满足幼儿的多种感官发展需求。

案例：

游戏主题：猜动物叫声

游戏准备：

1.准备一些动物的叫声录音，如狗、猫、鸟、青蛙等。

2.准备一些动物的图片，如狗、猫、鸟、青蛙等。

游戏规则：

1.组织幼儿围成一个圆圈，老师在中间出示一张动物图片，让幼儿根据图片猜测是哪种动物。

2.老师播放动物的叫声录音，让幼儿仔细听，并猜测是哪种动物在叫。

3.幼儿猜出动物后，老师给予肯定并奖励小贴画或其他小奖品。

4.继续进行下一轮游戏，直到所有动物都被猜完为止。

游戏目的：

1.培养幼儿的听力和观察能力。

2.提高幼儿对动物的认知和分辨能力。

3.培养幼儿的竞争意识和团队合作精神。

(二)中班智力游戏的特点与指导要点

1. 中班智力游戏的特点

一是游戏内容更加丰富,涉及的认知领域更广泛。中班幼儿已经具备一定的认知基础,因此游戏主题可以涉及更多领域,如数学、语言、科学、社会等。二是游戏难度适当提高,更加注重幼儿的思维能力和创造力的培养。中班幼儿的思维发展已经到了具体形象思维阶段,可以通过一些具有挑战性的游戏来培养他们的逻辑思维和创造力。三是游戏形式更加多样,可以引入更多的互动元素,如合作、竞争等。中班幼儿已经具备了一定的社交能力,可以在游戏中培养他们的团队合作精神和竞争意识。四是游戏的评价标准更加全面,不仅要评价幼儿的游戏结果,还要评价他们的游戏过程和态度。中班幼儿已经具备了一定的自我意识,可以通过评价他们的游戏过程和态度来培养他们的自我意识和自我评价能力。

2. 中班智力游戏的指导要点

一是游戏内容的选择。内容应符合幼儿的年龄特点和兴趣爱好,能够吸引幼儿积极参与。二是游戏目标的确定。应明确游戏的教育目标,如培养幼儿的观察力、想象力、思维能力等。在设计游戏时,应将这些目标融入其中。三是游戏规则的设计。游戏规则应简单明了,便于幼儿理解和遵守,避免过于复杂致使幼儿无法理解。

案例:

游戏主题:动物拼图大挑战

游戏准备:

1. 准备一些动物图片,如狮子、大象、长颈鹿等,将这些图片剪成若干不规则的小块。

2. 为每个小块标上序号。

游戏规则:

1. 将所有小块放在桌子上,让幼儿进行观察,并鼓励他们将小块拼成一个完整的动物图片。

2. 鼓励幼儿根据图片上的颜色、形状和纹理来判断小块的正确位置。

3. 当幼儿完成一个动物拼图后,可以适当增加难度,例如增加小块的数量,或改成有背景的动物图片。

游戏目的:

1. 培养幼儿的观察能力和手眼协调能力。

2.培养幼儿的空间思维能力和问题解决能力。

3.增加幼儿对动物特征的认识，丰富他们的知识储备。

（三）大班智力游戏的特点与指导要点

1.大班智力游戏的特点

一是注重幼儿的自主探索。大班幼儿已经具备了一定的自主性和独立思考能力，因此在智力游戏中要注重引导幼儿自主探索，让他们通过探究和尝试来发现游戏规则，解决问题。二是强调游戏的趣味性。大班幼儿的兴趣广泛、好奇心比较强，因此智力游戏要注重趣味性，通过增加游戏的趣味性和互动性来吸引他们的注意力。三是鼓励合作与分享。大班幼儿开始意识到合作和分享的重要性，因此在智力游戏中要鼓励幼儿合作完成任务，分享自己的成果和经验。四是关注问题解决能力的培养。大班幼儿在解决问题方面已经有一定的能力和经验，也更具有探索精神，因此智力游戏要有一定的挑战性，让他们通过探究和尝试来解决问题、提升能力。

2.大班智力游戏的指导要点

一是确保游戏内容符合大班幼儿的认知发展水平，既具有挑战性，又能让幼儿在游戏中感受到成就感。二是注重游戏规则的讲解，帮助幼儿理解游戏规则，并让他们在游戏中遵守规则。三是引导幼儿在游戏中学习新知识，丰富知识储备。四是关注幼儿在游戏过程中的情感体验，让他们在游戏中体验到快乐和成就感。

案例：

游戏主题：动物排序大挑战

游戏准备：

1.动物卡片：每张卡片上有一种动物，如狮子、大象、长颈鹿等。

2.数字卡片：每张卡片上有一个数字，如1、2、3等。

3.游戏场地：平坦的桌面或地面。

游戏规则：

1.将数字卡片按照顺序依次放置在桌面或地面上，所有动物卡片正面朝上，随机放在数字卡片的旁边，形成一对一的布局。

2.让幼儿观察并记住两种卡片的对应位置，然后闭上眼睛。

3.将动物卡片的位置打乱。

4.让幼儿睁开眼睛,根据记忆按照数字卡片的顺序找到相应的动物卡片,并将它们摆放在数字卡片旁边。

5.完成任务后,幼儿可以获得奖励。

游戏目的:

1.培养幼儿的记忆力:通过观察和记忆卡片的位置,锻炼记忆力。

2.培养幼儿的观察能力:在游戏中,幼儿需要仔细观察卡片的位置,以便在打乱后找到它们。

3.培养幼儿的逻辑思维能力:幼儿需要根据数字卡片的顺序找到相应的动物卡片,并按顺序摆放。

项目评价

主题	内容	优秀	良好	一般	较差	很差
学习态度	能积极、认真地完成阅读、讨论、分享等各项任务	5	4	3	2	1
专业知识	掌握幼儿智力游戏的概念、特点、教育价值,掌握不同年龄班幼儿智力游戏的组织与指导要点	5	4	3	2	1
团队协作	积极参与讨论,对其他人的发言能提出合理见解。能很好地融入课堂讨论,共同推进学习进程	5	4	3	2	1
沟通交流	能够清晰准确地表达自己的观点,与他人交流时态度、语气恰当	5	4	3	2	1
实践应用	能根据幼儿年龄特点等为幼儿智力游戏创设适宜环境,制订智力游戏活动方案。能对幼儿智力游戏进行观察与评价,正确指导幼儿智力游戏活动	5	4	3	2	1
自我小结						

项目小结

本项目中主要介绍了幼儿智力游戏的概念、特点、教育价值,以及不同年龄班幼儿智力游戏的指导要点。学生通过学习应该具备游戏开始前、游戏过程中、游戏结束后三个阶段的评价、指导相关知识。

直通赛证

一、选择题

1.拼图、嵌板等属于什么游戏的材料?(　　)

A.音乐游戏　　B.体育游戏　　C.表演游戏　　D.智力游戏

2.在棋类游戏中,幼儿的下列哪种行为表现最能反映玩具的可玩性?(　　)

A.运用丰富的认知策略　　B.玩棋兴趣持续较长时间

C.有丰富的肢体表现　　D.玩棋不易引发挫折感

二、活动设计题

大班的徐老师看到幼儿在玩扑克牌,有的在比较数字大小,有的在用扑克牌搭房子。看到幼儿对扑克牌感兴趣,徐老师拟设计两个扑克牌游戏以提升幼儿的数学认知。

根据所提供的材料,请你帮徐老师设计两个数学游戏。要求写出游戏的名称、目标、玩法以及需要准备的材料。

实践实训

实训要求:设计发展幼儿观察力的智力游戏。

实训目标:掌握观察力游戏的设计方法,能够针对不同年龄班幼儿设计出不同的智力游戏。培养利用废旧物品制作玩具的能力。

实训过程:

1.进行分组,各组根据要求设计出一个小班听觉游戏,并制作完成游戏所需的教具和玩具。

2.进行分组,各组根据中班幼儿的年龄特点设计出一个触觉游戏,并制作相应的教具及玩具。

3.分组展示、交流游戏作品,介绍教具的用途和价值。

推荐阅读

[1]赵宇.体育游戏对3—6岁幼儿智力发展的影响研究[J].田径,2022(06).

[2]胡静.幼儿武术游戏对幼儿智力发展的研究[J].新课程,2021(52).

项目七

幼儿音乐游戏的组织与指导

学习目标

知识目标

1. 知道音乐游戏的含义、特点与结构；

2. 理解音乐游戏对幼儿发展的价值；

3. 掌握音乐游戏设计、组织、指导要点。

技能目标

1. 能根据音乐的内容、特点设计音乐游戏方案；

2. 能根据幼儿身心发展特点组织音乐游戏活动。

素养目标

1. 树立科学的游戏观，喜爱音乐游戏，具备从事幼儿园音乐游戏教学活动的基本素养；

2. 建立良好的审美素养，以美育人；

3. 发掘民族音乐素材，强化传承和发展优秀传统文化意识。

学习重难点

学习重点

1. 掌握音乐游戏设计、组织、指导要点；

2. 根据幼儿身心发展特点设计与组织音乐游戏。

学习难点

把握音乐要素，创造性地设计及开展音乐游戏活动。

思维导图

- 幼儿音乐游戏的组织与指导
  - 音乐游戏的认识
    - 音乐游戏的含义
    - 音乐游戏的特点
    - 音乐游戏的教育价值
  - 音乐游戏的创编
    - 歌唱游戏的创编
    - 听辨反应游戏的创编
    - 音乐表演游戏的创编
    - 节奏游戏的创编
  - 音乐游戏的特点及指导要点
    - 小班幼儿音乐游戏的特点及指导要点
    - 中班幼儿音乐游戏的特点及指导要点
    - 大班幼儿音乐游戏的特点及指导要点
  - 音乐游戏的设计
    - 分析游戏经验
    - 确定游戏目标
    - 选择音乐素材
    - 设计玩法和规则
    - 准备游戏材料
    - 设计感知音乐的方法
    - 创编音乐游戏
    - 预设游戏结果

任务一

音乐游戏的认识

案例引入

班级的表演区增添了很多服饰，还增加了小朋友们自制的风铃、小鼓等乐器。孩子们在日常活动中都会光临这个区域，讨论“你会唱什么歌曲”“我来给你伴奏”“我们一起来表演”等话题，并进行游戏。

分析孩子们在表演区会进行什么类型的游戏。

任务准备

1. 内容准备：明确需要讨论的主题与内容。

2. 人员准备：8—10人为一组，选定小组长，小组成员进行分工。

3. 用物准备：纸、笔、教材及相关参考书。

4. 地点准备：确定活动地点及座次。

工作表单

工作表单1

思考总结

1. 音乐游戏的特征有哪些？

2. 适合幼儿的音乐游戏形式有哪些？

工作表单2

小组讨论

开展讨论活动,讨论音乐游戏对幼儿的意义有哪些,影响音乐游戏的因素有哪些?

意义	影响因素

任务分析

本次任务中需要学习音乐游戏的定义、特点等基础知识,将概念性知识融会贯通;充分认识开展音乐游戏的价值与必要性,建立音乐游戏重要性认识。

学习支持

一、音乐游戏的含义

音乐游戏是指在音乐的伴随下,以发展幼儿音乐能力为主要目的的一种有规则的游戏活动,包括歌唱、演奏等表现形式。游戏中的音乐要素包括节奏、音高、音长、音色等。

二、音乐游戏的特点

1.音乐性

音乐性是音乐游戏与其他规则性游戏的最大区别,音乐游戏只有在音乐的伴随下才能实现其教育目标,音乐是音乐游戏的灵魂。幼儿在音乐游戏中感知音的高低、长短、强弱、快慢等,提升音乐素养。音乐性体现在音乐素材的选择上,即应该选择节奏明快、结构完整的音乐，并且幼儿在游戏时能够随音乐风格的变化进行想象和表现出游戏情节。

2. 游戏性

音乐是音乐游戏的灵魂，游戏是音乐游戏的本质。游戏风格幽默、诙谐，游戏表现夸张、活泼等，都能吸引幼儿在美妙的旋律中放松情绪，尽情表现，身心获得极大的愉悦。

3. 动作性

音乐游戏不是单纯的音乐欣赏活动，而是音乐与动作相结合的游戏。幼儿需要根据音乐的内容、节奏等做出相应的动作，以动作表现自己对音乐知识的掌握、对音乐情感的体验以及对音乐美的感受。

4. 综合性

音乐游戏集歌曲、舞蹈、律动、乐器甚至美术等于一体，体现了游戏内容的综合性。幼儿在音乐游戏中既是音乐的欣赏者，也是音乐的表现者和创造者，体现了游戏过程的综合性。在游戏中幼儿感受快乐，同时学习规则、表达音乐，游戏达到了教育的目的，体现了音乐游戏的教育综合性。

三、音乐游戏的教育价值

1. 激发音乐兴趣

幼儿在游戏的过程中感受音乐表达的情感，在音乐营造的氛围中享受游戏的快乐，通过听一听、唱一唱、动一动、玩一玩提高对音乐的感知能力、表现能力、创造能力，激发学习音乐的兴趣。

2. 培养积极情感

优美的音乐和适宜的教学方法相结合，能够调动幼儿的积极情绪，提升幼儿的审美情趣，为幼儿形成积极向上的世界观、人生观和价值观奠定基础。游戏具备一定的合作性，幼儿在音乐游戏过程中还能潜移默化地提升人际交往能力与团队合作能力。

3. 提高审美品位

音乐游戏是培养幼儿审美情趣的有效手段，优美的音乐能启迪幼儿认识美、感受美、欣赏美。教学中,老师可以通过提供一些具有鲜明民族特色、地域文化的音乐元素引导幼儿认识民间艺术、民俗风情以及传统音乐,提高审美水平,培养家乡自豪感、国家自豪感。

任务二
音乐游戏的创编

案例引入

最近孩子们从很多媒体平台听到了《勇气大爆发》这首儿歌，甚是喜欢。在听到这首音乐时他们不仅跟唱，还会跟着节拍扭动身体，有的小朋友更是找出音乐器材进行表演。李老师看到这种现象后，就建议孩子们进行组合表演。小朋友们也觉得建议很好，很期待游戏活动。

老师应如何支持孩子们的音乐游戏，创编音乐游戏时应注意哪些事项？

任务准备

1. 地点准备：音乐活动实训室。

2. 音视频素材准备：《你的名字叫什么》《小矮人与大巨人》《瑞典狂想曲》《上春山》。

3. 活动教具准备：铃鼓、三角铁等音乐器材。

工作表单

工作表单1

体验与思考

根据音乐《你的名字叫什么》组织音乐互动游戏。要求：前一个游戏者唱“你的名字叫什么”时，后一个游戏者进行接唱“我叫×××”，并成为下一个游戏者的指令者，从而完成音乐的传递。

1. 根据实训活动体验,思考上述游戏应以什么形式展开?

2. 该游戏的音乐具有什么特点?

工作表单2

体验与思考

根据音乐《小矮人与大巨人》组织游戏活动。要求:按照音乐节奏的快慢、声音的高低匹配动作,用身体动作表达音乐情感。

根据实训活动体验,思考音乐游戏的构成要素有哪些?

工作表单3

体验与设计

根据音乐《瑞典狂想曲》设计表演游戏。要求:在倾听音乐的过程中进行想象,并将想象内容创编为有情节的故事;根据故事内容分配角色及表演任务,表演者进行表演。

根据实训活动体验,思考并总结音乐表演游戏的创编步骤。

学习支持

工作表单 4

体验与设计

根据音乐《上春山》设计音乐节奏游戏。要求：根据音乐节奏设计动作图谱，在幼儿熟悉音乐节奏后，能跟随音乐节奏做出动作。

1. 什么是音乐的节奏与节拍？

2. 将你设计的动作图谱呈现出来。

任务分析

结合音乐游戏实训体验，强化对音乐要素的把握，学习音乐游戏设计、创编方法，以及音乐游戏组织与开展的形式特点。

学习支持

音乐游戏按照内容不同，可分为歌唱游戏、听辨反应游戏、表演游戏、节奏游戏等，不同音乐游戏的创编要求各不相同。

一、歌唱游戏的创编

歌唱游戏是指以歌唱形式开展的，发展幼儿用声音进行艺术表达这一能力的游戏。音乐游戏的歌词应充满童趣，结构简单、多重复，适合用动作来展示，容易为幼儿接受。幼儿可通过对唱、接唱、创编歌词或改编歌词等形式进行游戏活动。

二、听辨反应游戏的创编

听辨反应游戏是以培养幼儿的音乐特征分辨及判断能力为主要任务的游戏。幼儿通过用耳朵倾听,获得对音乐要素的理解。该游戏一般没有固定的规则或要求,幼儿可以通过不同形式,如完整听、片段听、随乐坐姿律动、随乐行进律动等,不断加强对音乐要素的感知。

1. 节奏。节奏是指音乐中音符、音调和节拍等构成的一个有机整体。可设计体验律动、感受节拍、感知节奏的不同游戏。

2. 音高。各种不同高低的声音,即音的高度,是音的基本特征之一。听辨音高游戏应遵循幼儿发展规律,从音阶中最稳定的主音开始学习,然后不断加大听辨音高的难度。

3. 力度。力度是曲谱或音乐表演中音的强度。在听辨力度游戏中,选择的音乐材料要体现出力度明显的强弱区别或渐变过程。

4. 速度。速度决定了一段音乐的快慢,是音乐的重要元素,亦影响作品的情感与演奏难度。

5. 音色。音色是声音的特色。音色不同,即使音高、力度相同,也能区分出是不同乐器或人发出的声音。幼儿通过参与游戏活动,能提高对声音的辨识力。

三、音乐表演游戏的创编

音乐表演游戏并非单纯的表演,设计过程中一定要增加感受音乐、表达音乐的部分。音乐游戏的创编程序为:感知音乐—故事创编—动作设计—配乐做动作—其他。这里的“其他”指的是在幼儿进行配乐动作的基础上,可以增加一些难度更大的项目,例如队形变化、合作表演等。

四、节奏游戏的创编

把不同长短的音组合起来,使音有轻重缓急,能有规律地反复变化,这就是节奏。节奏游戏是指幼儿在音乐的伴奏下,随着节奏做出相应的动作的游戏。人的动作本身就富有节奏感,捻指、叩齿、拍手、拍腿、跺脚等都会产生丰富的节奏。由身体发出有规律的声响,是节奏游戏中非常热烈而常用的一种方式。在幼儿音乐节奏游戏中最常用的“乐器”就是幼儿的身体,因为身体的拍打动作总能给幼儿带来愉悦的感受。

任务三

音乐游戏的特点及指导要点

案例引入

幼儿园音乐区投放了音乐表演器材，小班幼儿进入音乐区时常常将铃鼓等器材作为结构材料使用；中班幼儿会自己唱着歌，用器材给自己伴奏；大班幼儿就大不相同，他们会有小导演，小导演安排大家一起进行音乐表演。

同样的环境及材料，为什么不同年龄班幼儿的表现迥然不同，不同年龄班幼儿的音乐认知能力有何特点？

任务准备

1. 地点准备：多媒体教室。

2. 音视频素材准备：小、中、大班幼儿音乐游戏视频各1个。

工作表单

工作表单

观摩与总结

扫码观看小、中、大班幼儿音乐游戏视频，梳理活动中幼儿的行为表现，并尝试给出游戏指导建议。

	行为及特点	指导建议
小班		
中班		
大班		

任务分析

本次任务我们将结合幼儿音乐游戏视频，学习不同年龄班幼儿音乐游戏的特点及指导要点，在此基础上能够科学设计幼儿音乐游戏活动方案，并提供针对性指导。

学习支持

在幼儿园开展音乐游戏活动时，老师应根据各年龄班幼儿的特点进行有针对性的指导。不同年龄班幼儿音乐游戏的特点及指导要点各不相同。

表 7-1 小班幼儿音乐游戏的特点及指导要点

特点	指导要点
1. 音乐水平低 2. 爱模仿，不关心动作本身，更加关心动作所表现的熟悉事物 3. 对游戏情节的理解能力低，不能完全理解音乐所表达的意思 4. 动作发展水平低，以简单重复动作为主 5. 规则意识淡薄，游戏中对别人违反规则无明显意识，自己也会破坏规则	1. 游戏前：选择的音乐曲式以一段体为主；节拍多为2/4拍和4/4拍；旋律简单，节奏变化明显；歌词朗朗上口，有较多拟声词；音乐形象生动鲜明 2. 游戏中：老师可采用交叉介入的形式参与游戏，以游戏者的身份给予示范和指导 3. 讲解简单，讲解与示范相结合，注重在游戏中逐步提出游戏规则

表 7-2 中班幼儿音乐游戏的特点及指导要点

特点	指导要点
1. 逐渐能感受到乐曲的结构，听出乐段乐句之间的重复，以及乐曲在情绪性质上的差异；能够基本理解音乐所表达的情绪情感，并由此产生一定的联想 2. 喜欢有主题的音乐游戏，并且能够积极地表达音乐内容 3. 逐渐能够开展联合音乐游戏、合作音乐游戏，有强烈的竞争意识，对活动的结果感兴趣，游戏的自主性增强 4. 能够理解一些较为复杂的规则和指令，有时候会因关注结果而忽视规则 5. 动作逐渐丰富，能够结合生活实践经验和想象，跟随音乐做出一定的复杂动作	1. 老师可以选择有一定难度的音乐游戏，如有竞争性质的音乐游戏 2. 可以选择形象鲜明的乐曲，也可以适当增加回旋曲式的数量 3. 老师要重点解说游戏规则与玩法，在游戏过程中也要视情况强调游戏规则 4. 注意提高指导质量，减少介入次数 5. 给予幼儿充分表达的机会、自由创造的空间

表7-3 大班幼儿音乐游戏的特点及指导要点

特点	指导要点
1.可以把握音乐中蕴含的诸多要素,能够适应复杂程度较高的音乐游戏 2.规则意识较强,能够较好地遵守游戏规则,并关注其他幼儿遵守规则的情况 3.动作水平较高,能够自发做出一些组合动作,特别在乎游戏结果,能对游戏结果进行评价 4.游戏的自主性较强,喜欢改变游戏情节和游戏规则,以增加游戏的挑战性 5.喜欢合作性游戏,可以自己解决在游戏中遇到的大部分困难,不喜欢老师介入游戏	1.选择一些节奏明快、段式结构不同的音乐。提供的乐曲、游戏玩法和规则都可以较为复杂 2.引导幼儿探索和确定游戏主题、玩法、规则 3.注意引导幼儿正确面对游戏结果 4.尝试与幼儿一同创编音乐游戏,共同商量规则、玩法,给予幼儿充分的自主权;宜采取建议、商量等指导语,少采用强制性指导语

任务四

音乐游戏的设计

案例引入

夏天，池塘里有许多小青蛙，对小青蛙跳跃的动作、呱呱的叫声，孩子们争相模仿。钟老师因此受到启发，设计了音乐游戏《青蛙找家》，游戏的配乐通俗又富有童趣，歌曲中有节奏的“跳跳”“呱呱”等，极大地满足了幼儿的兴趣。

幼儿音乐游戏的设计原则有哪些？

任务准备

1. 地点准备：多媒体教室。

2. 音视频素材准备：幼儿园音乐游戏完整视频。

工作表单

工作表单

思考总结

根据实训活动体验，思考并总结幼儿音乐游戏设计的基本要素及步骤。

任务分析

结合实训经验，形成对音乐游戏设计的整体认识，通过学习，了解游戏目标确定、素材选择、规则制订、内容创编等环节需要把握的原则，并能设计相应的游戏活动。

学习支持

设计音乐游戏时必须在综合思考幼儿的游戏经验的基础上，确定游戏主题，进行材料准备等。

1. 分析游戏经验

老师在设计音乐游戏前，应详细了解班级幼儿年龄特点和音乐认知水平，如对节奏的把握水平，对音色的辨别水平等。

2. 确定游戏目标

音乐游戏设计是先选择音乐内容，再根据音乐内容的特点确定相应的教学目标，培养幼儿的音乐素养。音乐游戏目标确定需要考虑两个方面的因素：一是要注重“游戏性”体验目标的设计，让幼儿感受愉快的游戏过程，体验胜任感和成就感。音乐游戏作为音乐教育的有效手段，其教育性备受关注。老师要先根据幼儿的年龄和喜好选择合适的音乐内容，并根据歌词、节奏、旋律、情感等元素来设计游戏，保证其游戏性。二是注重幼儿的社会性发展，关注音乐游戏对幼儿社会性发展、认知发展和动作技能发展的促进作用。

3. 选择音乐素材

根据游戏目标，寻找合适的音乐素材至关重要。一般情节简单、感情热烈、活泼欢快的音乐作品更容易被幼儿接受。此外，歌词内容应具有童趣并易于幼儿记忆和理解，富有美感并易于幼儿用动作表现。曲调上，选择音域较窄、旋律平稳、节奏明快，以二拍子和四拍子为主的曲子。

4. 设计玩法和规则

设计游戏玩法时，要充分考虑音乐材料与幼儿音乐能力，动作和情景要有一定的变化和重复，让幼儿在游戏过程中保持兴奋感。游戏规则应简单明了，与音乐材料紧密结合，便于幼儿理解。

5.选择游戏材料

音乐是抽象的，需要借助外在的一些道具表现音乐内容。音乐游戏材料要多样，确保幼儿在相对集中的时间里取得最大的收获。如老师可以运用不同的乐器进行单独伴奏，常见的乐器有钢琴、口琴、三角铁、铃鼓等；也可以运用不同的乐器合奏同一首乐曲，让幼儿感受其中的差别；还可以通过敲击玻璃瓶子、搪瓷杯子、金属物品，揉搓纸张、塑料等让其发声，进行音乐表达。

6.设计感知音乐的方法

图谱是把抽象、无形的音乐旋律转化为具体、直观且具有趣味性的符号，这些符号可以让幼儿更加容易理解、记忆音乐，是增加音乐教学活动趣味性的有效方式之一。此外，声势动作简单直接，随着音乐使用声势动作可以让幼儿更好地感知音乐的节奏和旋律，是增加音乐教学活动趣味性的有效方式之一。如，以拍手、拍腿、跺脚等简单动作发出声响来进行音乐节奏和旋律的表达，可以增强音乐教学活动的趣味性和创造性，同时可以锻炼幼儿的音乐感知能力和手眼协调能力。

7.创编音乐游戏

老师设置一定的主题，准备恰当的音乐素材，根据幼儿的经验和认知创编音乐游戏。组织全班幼儿对创编的音乐游戏进行讨论，并在此基础上进行完善，使创编的幼儿游戏更符合幼儿的身心发展需求。

8.预设游戏结果

能调动大部分幼儿的参与积极性，让大部分幼儿感受到愉悦的游戏是设计得比较成功的游戏。预设游戏结果时应充分考虑这一因素。

资料链接

扫码阅读知识拓展资料。

项目评价

主题	内容	优秀	良好	一般	较差	很差
学习态度	能积极、认真地完成阅读、讨论、分享、实训等各项任务	5	4	3	2	1
专业知识	了解音乐游戏的含义、特点，理解音乐游戏的价值，掌握音乐游戏设计及指导要点	5	4	3	2	1
团队协作	积极参与讨论，对其他人的发言能提出合理见解。能很好地融入课堂讨论，共同推进学习进程	5	4	3	2	1
沟通交流	能够清晰准确地表达自己的观点，与他人交流时态度、语气恰当	5	4	3	2	1
实践应用	能根据幼儿年龄特点设计和组织开展音乐游戏，能对幼儿音乐游戏进行观察与评价	5	4	3	2	1
自我小结						

项目小结

本项目主要内容为幼儿音乐游戏的概念、特点、不同年龄班幼儿音乐游戏组织与指导要点。通过学习，学生能根据幼儿年龄特点等为幼儿音乐游戏创设适宜环境、设计音乐游戏、进行音乐游戏观察与评价，正确指导幼儿音乐游戏活动。

直通赛证

一、选择题

1. 老师在组织中班幼儿进行歌唱游戏活动，合理的做法是（　　）。

A. 要求幼儿用胸腹式联合呼吸法唱歌　　B. 鼓励幼儿用最响亮的声音唱歌

C. 鼓励幼儿唱八度以上音域的歌曲　　D. 要求幼儿用自然声音唱歌

2. 老师在区角中投放了多种发声玩具，小班幼儿在摆弄这些玩具时（　　）。

A. 能概括不同声音产生的条件　　B. 对声音产生兴趣，感受不同的声音

C. 能描述出玩具是怎么发声的　　D. 能描述出不同玩具发声特点

二、论述题

简述幼儿园美育教育的意义。

实践实训

以小组为单位收集民族音乐素材，如秦腔、京剧、川剧、民谣等，自选年龄班，创编一个音乐游戏进行模拟展示。

推荐阅读

[1]王茜.课程游戏化背景下幼儿园音乐教学策略研究[J].基础教育论坛，2023(07).

[2]丁星，赵志毅.音乐本位的幼儿园音乐教学活动管窥——以中班音乐游戏教学《小侦探寻羊记》为例[J].中国教师，2023(07).

项目八

幼儿体育游戏的组织与指导

学习目标

知识目标

1. 了解幼儿体育游戏的概念、特点以及教育价值；

2. 掌握不同发展阶段幼儿体育游戏组织与指导要点。

技能目标

1. 能根据幼儿认知规律提供游戏材料，创设游戏环境，制订游戏方案；

2. 能对幼儿体育游戏进行观察、记录、评价，能正确指导幼儿体育游戏活动。

素养目标

1. 热爱学前教育事业，对幼儿有爱心、耐心；

2. 培养爱钻研、爱探究的学习品质。

学习重难点

学习重点

1. 熟悉幼儿体育游戏的特点；

2. 掌握不同发展阶段幼儿体育游戏组织要点。

学习难点

1. 根据幼儿发展实际组织体育游戏活动；

2. 对幼儿体育游戏进行观察、记录与评价。

思维导图

- 幼儿体育游戏的组织与指导
  - 体育游戏的认识
    - 体育游戏的概念
    - 体育游戏的特点
    - 体育游戏的教育价值
  - 体育游戏的组织与指导
    - 体育游戏的指导内容
    - 体育游戏的基本要求
    - 体育自选游戏指导要点
    - 各年龄班体育游戏的指导要点

任务一

体育游戏的认识

案例引入

这学期,孩子们经常在综合运动场开展体育游戏活动。现在,孩子们能在运动场熟练地运用轮胎、长梯、长板、滚筒等材料进行大肌肉运动游戏。孩子们乐于自定游戏规则、自选游戏场地和玩伴。

针对孩子们的现有发展水平,老师应该如何支持并进一步提升他们的游戏水平呢?

任务准备

1. 内容准备:明确需要讨论的主题与内容。
2. 人员准备:10人为一组,小组成员分工,推选小组长1人。
3. 用物准备:纸、笔、教学视频、教材及相关参考书。
4. 地点准备:在多媒体教室分小组围坐。

工作表单

工作表单1

分析总结

阅读幼儿体育游戏案例,分析幼儿目前的动作发展水平。

工作表单2

思考总结

结合你对幼儿体育游戏的认识，描述体育游戏的内涵和特点，完成下表。

体育游戏的内涵	体育游戏的特点

工作表单3

思考总结

根据你学习的理论知识和积累的实践经验，思考并总结体育游戏对幼儿的教育价值。

任务分析

本次任务将深入探讨幼儿体育游戏的概念、特点、教育价值，以及对幼儿发展的影响。通过学习，可以为更好地观察、指导与评价幼儿体育游戏奠定基础，知道如何与幼儿互动，更好地帮助幼儿积累游戏经验。

学习支持

一、体育游戏的概念

体育游戏是指以游戏活动为基本形式,预先设定游戏内容和规则,以促进幼儿身体健康和发展运动技能为主要目的的运动性游戏。体育游戏在训练幼儿注意力、动作协调能力、情绪情感调控能力等方面都有重要意义。

根据游戏的组织形式不同,体育游戏分为自主体育游戏和体育教学游戏。可根据孩子的年龄特点、认知规律和兴趣选择性开展适合孩子身心发展的体育游戏。老师应掌握正确的体育游戏组织方法,为孩子提供安全、自由、宽松的游戏氛围,指导孩子运用正确的运动技能进行活动。

二、体育游戏的特点

幼儿体育游戏旨在增强幼儿体质、娱乐幼儿身心、陶冶幼儿情操等,其具有趣味性、规则性、综合性和自主性等特征。

(一)趣味性

趣味性是体育游戏的特点之一。体育游戏能够让幼儿感受到愉悦,提高幼儿的身体素质和运动能力,引起幼儿参加运动的兴趣,满足其多种发展需要,促使其更好发展。例如,幼儿园中常见的“老鹰抓小鸡”“跳绳比赛”等游戏,不仅能够让幼儿锻炼身体,还能培养他们的团队合作意识和遵守规则的习惯。这些游戏通常既简单又有趣,能够让幼儿在玩乐中学习和成长。

幼儿体育游戏的趣味性主要体现在以下几个方面:

内容丰富。幼儿体育游戏内容广泛,可以包含故事情节,这样的设计能够引起幼儿的兴趣,使他们在参与过程中感受到乐趣。

自由性强。体育活动常在自由的氛围中开展,参与者能够把注意力集中在感受快乐上,享受发自内心的轻松与愉悦。

动作简单。开展幼儿体育游戏的主要目的是促进幼儿的身体发育、提高运动能力、培养团队合作精神和规则意识等。简单的动作设计能够让幼儿更加专注于游戏过程,从而更好地实现体育游戏的目的。如小班幼儿的体育游戏,涉及的动作和情节都较简单，孩子们在活动中能更专注于动作的学习与模仿。这样，既增强了游戏的趣味性，也促进了幼儿间的互动与合作。

具有挑战性。幼儿喜欢接受挑战，体育游戏能够提供这样的机会，让幼儿尝试克服困难，获得成就感，从而激发其积极参与游戏的兴趣。

形式多样。体育游戏形式多样是其具有趣味性的重要原因之一，不同的游戏项目、器械和规则都有利于增加趣味性。

教育性与娱乐性相结合。体育游戏不仅仅是一种娱乐活动，它还具有教育性，对幼儿进行健康教育和身体发展训练。

综上，幼儿体育游戏的趣味性特点在于其能够吸引幼儿的注意力，激发他们的参与兴趣，同时在游戏中融入教育元素，使幼儿在愉快的氛围中得到身心发展。

（二）规则性

规则性是体育游戏的特点之一。规则起到维护游戏安全、维持游戏秩序、推动游戏进程的“约定”作用。创设体育游戏时，可以根据表达的内容不同、教育的目的不同创编不同的动作，还可以根据游戏主题的不同，有针对性地设计出竞技规则。幼儿体育游戏的规则性特点体现在多个方面：

目标和规则。体育游戏往往设定了明确的目标和规则，这些目标和规则不仅是游戏活动顺利开展的基础，也是幼儿进行游戏的动力和需要遵守的准则。这些规则有助于培养幼儿的纪律性和自我约束能力。

遵守和适应。以“接力跑”这一体育游戏为例，其规则性特点体现得尤为明显。在游戏中，幼儿被分成若干小组，每个小组的幼儿需要按照规定的顺序进行接力跑，每个幼儿必须在完成自己的任务后才能将接力棒交给下一个幼儿，接力棒必须在交接时保持不落地等。这些规则不仅保证了游戏的公平性和顺利进行，也让幼儿习得了遵守规则、团队协作和公平竞争等概念。

引导和监督。幼儿体育游戏的规则性还体现在老师对游戏的引导和监督上。在游戏开始前，老师会向幼儿详细解释游戏规则，确保他们理解并接受。在游戏过程中，老师也会密切关注幼儿的行为，及时纠正他们的违规行为，以保证游戏的顺利进行。这种引导和监督不仅有助于幼儿更好地理解和遵守规则，也有助于培养他们的规则意识和自我管理能力。

（三）综合性

体育游戏可以锻炼身体的协调性、灵敏性、耐力等，让技能、思维、心智等得以发展。幼儿体育游戏的综合性特征主要表现在以下几个方面：

身体能力。幼儿体育游戏旨在通过有目的、有计划地组织活动，帮助幼儿发展健康体魄。例如，小班幼儿主要参与感知运动类游戏，这类游戏有助于训练他们的平衡性、灵敏性和力量。

认知能力。设计体育游戏时应考虑幼儿的认知发展水平，通过游戏的趣味性和丰富情节吸引幼儿参与，提升他们的理解能力。

社交能力。在体育游戏中，幼儿之间需要互动，这有助于他们逐步建立起社会交往能力。中班幼儿的象征性游戏和大班幼儿的规则性游戏都是培养这种能力的好活动。

健康心理和运动习惯。轻松愉快的体育游戏氛围有利于培养幼儿健康的心理和良好的运动习惯，这对他们的长期发展至关重要。

教育目标。幼儿园体育游戏都是基于幼儿不同年龄阶段的发展特点设计和实施的，具有系统性和科学性，能确保教育目标的实现。

综上，幼儿体育游戏是一种强身健体、提升认知能力和社会交往能力等的综合性教育活动，有利于促进幼儿的全面发展。

（四）自主性

幼儿体育游戏的自主性特点，主要体现在幼儿能够根据自己的兴趣、能力和意愿，自主选择游戏内容、游戏伙伴和游戏方式，从而充分展现个性和创造力。以下以“轮胎探险记”这一幼儿体育游戏为例，具体说明幼儿体育游戏的自主性。

在“轮胎探险记”游戏中，老师应为幼儿设置一个充满挑战性和趣味性的探险场景，提供包括各种轮胎在内的探险道具。幼儿可以根据自己的喜好和水平，选择扮演不同的角色，如勇敢的探险家、聪明的向导、灵巧的攀爬者等，可以自主选择探险路线和难度，如穿越丛林、攀登高峰、探索洞穴等。

幼儿可以根据自己的意愿选择游戏伙伴，还可以共同商讨游戏策略，制订探险计划。游戏过程中，他们可以相互协作，共同解决问题。这种自主性的游戏方式，使得幼儿能够充分发挥自己的想象力和创造力，体验探险的乐趣和成就感。

此外，老师在游戏中的角色是引导者和支持者，不能过多干预幼儿的游戏活动，而是给予幼儿充分的自主权和选择权。老师可以通过观察幼儿的游戏行为，了解他们的兴趣和需求，适时提供必要的帮助和指导，以促进游戏的顺利进行。

三、体育游戏的教育价值

幼儿体育游戏的教育价值体现在促进幼儿身体发展、智力发展、社会性发展和培养健康心理等方面，对幼儿的身心发展具有积极影响。

（一）有助于促进幼儿的身体发展

体育游戏是幼儿身体得到健康发展的重要途径。游戏过程中的跑、跳、爬、滚等动作，能促进幼儿骨骼生长发育，增强身体素质。在游戏过程中幼儿可以感受到体育运动的乐趣，从而更加愿意参与体育活动，这样就会逐渐培养起体育兴趣爱好。

（二）有助于促进幼儿的智力发展

在游戏中，幼儿需要观察、思考、判断、决策，这些过程有助于培养幼儿的思维能力、判断能力和解决问题的能力。此外，游戏还能激发幼儿的想象力和创造力，使他们在轻松愉快的氛围中学习新知识。

（三）有助于促进幼儿的社会性发展

在开展集体性体育游戏活动时，幼儿需要进行合作、交流、分享，以便就游戏场地、内容、规则、目标等达成共识，这有助于培养幼儿的团队合作精神和人际交往能力。同时，游戏还能帮助幼儿学会遵守规则、尊重他人，形成良好的道德品质和行为习惯。

（四）有助于培养幼儿的抗挫能力

在游戏中，幼儿会遇到各种困难和挑战，通过克服困难和挑战，他们能够体验到成功的喜悦，增强自信心和自尊心，培养抗挫折能力。

综上，幼儿教育应充分利用体育游戏这一有效手段，为幼儿的全面发展奠定坚实基础。

任务二

体育游戏的组织与指导

案例引入

户外活动时间，李老师因担心孩子们大肌肉动作得不到较好发展，就为孩子们挑选了运动场地和体育器械，让孩子们按她的要求运动。活动进行了几分钟，李老师观察到孩子们的游戏兴致并不高。

1.结合案例分析李老师应如何支持幼儿的体育游戏活动？

2.在体育游戏中是否有典型的幼儿与环境、材料互动交流的行为，具体是什么典型行为？

任务准备

1.内容准备：明确需要讨论的主题与内容。

2.人员准备：10人为一组，小组成员分工，推选小组长1人。

3.用物准备：纸、笔、视频、教材及相关参考书。

4.地点准备：在多媒体教室分小组围坐。

工作表单

工作表单1

小组讨论

结合幼儿体育游戏案例，分小组讨论开展体育游戏前应该做些什么准备，需要确定哪些要素？

要做的准备	要确定的要素

工作表单2

视频分析

扫码观看视频，分析并总结幼儿体育游戏包括哪些环节？

工作表单3

案例分析

大班体育游戏：轮胎探险记

一、游戏背景

大班孩子有一定的游戏经验，喜欢创造性地运用材料开展有挑战性和趣味性的游戏活动，老师需要为他们提供可探究的材料，支持孩子进行体育游戏，通过游戏发展孩子们的运动能力，培养他们的规则意识和合作精神等。

二、游戏目标

1. 知道体育游戏材料有多种玩法。

2. 能在体育游戏中创造性地运用材料，运动姿势正确。

3. 乐于与同伴一起参与体育游戏活动。

三、游戏准备

（一）玩教具材料

轮胎、滚筒、安吉箱、推车、篮球、梯子、木板、白纸、水彩笔等。

（二）环境创设

1. 物质环境

有塑胶跑道的操场，保证幼儿有足够的活动空间。有摆放轮胎、滚筒、安吉箱等材料的专用地方，方便孩子们选择自己需要的材料，并能做好游戏后的材料整理工作。同时，提供白纸与水彩笔，便于孩子们及时将自己的想法记录下来，以此与同伴进行游戏场景回忆与游戏经验交流。

2. 精神环境

鼓励幼儿大胆讲述自己的想法、绘画游戏场景，让他们通过游戏收获知识和快乐，进一步提升游戏水平。

3. 经验准备

（1）幼儿的游戏兴趣。孩子们喜欢在轮胎上走，喜欢滚轮胎，喜欢把它们连在一起，还喜欢把它们从斜坡上推下去等。

（2）幼儿使用材料的前期经验。孩子们体验过轮胎的玩法，知道轮胎是会滚动的，需要调整身体姿势才能站在轮胎上等。

（3）幼儿的学习品质。发现问题的能力：每次游戏回顾时孩子们都能说出自己所发现的问题；解决问题的能力：对发现的问题进行思考，并与同伴共同努力找出解决办法；快乐的学习状态：孩子们在游戏时总是很开心；专注力：孩子们在游戏时，总是沉浸在自己的活动中。

四、游戏内容及过程

扫码阅读游戏内容及过程。

结合案例分析体育游戏开始前、过程中、结束后的指导要点。

项目	指导要点
游戏开始前	
游戏过程中	
游戏结束后	

工作表单 4

学习总结

根据你掌握的知识,分析并总结各年龄班幼儿体育游戏的特点和指导要点。

年龄班	特点	指导要点
小班		
中班		
大班		

任务分析

本次任务主要学习幼儿体育游戏的指导内容、开展体育游戏的基本要求、体育自选游戏的指导要点以及各年龄班幼儿体育游戏指导要点,旨在帮助学生了解幼儿教师在游戏前应该做好哪些准备,如何引导幼儿参与体育游戏,如何进行游戏观察和评价,以及如何为幼儿游戏提供支持和帮助,以促进幼儿的动作发展。

学习支持

一、体育游戏的指导内容

幼儿体育游戏在幼儿的身心发展中扮演着重要角色，而老师在游戏开始前、游戏过程中、游戏结束后的指导则直接关系到游戏的效果和幼儿的学习体验。

（一）游戏开始前的指导

在游戏开始之前，老师的工作内容主要集中在游戏的准备和规则的讲解上。

首先，老师需要确保游戏场地的安全性和适宜性，检查游戏器材是否完好，并清除可能存在的安全隐患。同时，老师还要根据幼儿的年龄和体能水平，选择合适的体育游戏项目，确保游戏既具有趣味性又能达到锻炼幼儿身体的目的。

其次，老师要向幼儿详细讲解游戏的规则和玩法，确保每个幼儿都能理解并遵守规则，积极参与游戏体验。在讲解过程中，老师可以利用生动的语言和形象的动作帮助幼儿更好地掌握游戏要领。

最后，老师还要关注幼儿的心理状态，通过鼓励激发幼儿的兴趣，让他们积极参与游戏活动。

（二）游戏过程中的指导

在游戏进行过程中，老师的指导内容主要集中在观察、指导和调整上。

首先，老师要密切关注幼儿的游戏过程，观察他们的动作、表情和互动情况，以便及时了解幼儿的游戏体验和需求。

其次，老师要根据观察结果，对幼儿的游戏行为进行适时指导和帮助。例如，当幼儿遇到困难时，老师可以给予适当的提示和鼓励；当幼儿出现不规范动作时，老师可以及时示范正确的动作。

最后，老师还要根据游戏的进展和幼儿的表现，适时调整游戏的难度和节奏，以确保游戏既具有一定的挑战性又能使幼儿保持兴趣。

（三）游戏结束后的指导

在游戏结束后，老师的指导内容主要集中在总结、评价和反思上。

首先，老师要组织幼儿对游戏进行回顾和总结，引导他们分享游戏过程中的感受和收获。这有助于加深幼儿对游戏的理解和记忆,同时也能培养他们的表达能力和思考能力。

其次,老师要对幼儿的游戏表现进行评价和反馈,肯定他们的优点和进步,指出需要改进的地方,并提出具体的建议和指导。这有助于幼儿了解自己的游戏水平和发展方向,激发他们的学习动力。

二、体育游戏的基本要求

1.体育游戏活动设计应综合考虑幼儿的身体素质、幼儿的游戏经验、班级活动计划。

2.游戏前老师应和幼儿一起讨论游戏计划,帮助幼儿明确游戏目标和任务,鼓励和支持幼儿大胆尝试与探索。

3.游戏过程中应关注幼儿的活动兴趣、参与情况、交流互动、遵守规则等方面。尊重幼儿的游戏主体地位,支持幼儿自主选择游戏内容、材料和玩伴、玩法。游戏中老师应始终和幼儿在一起,以观察倾听为主,必要时给予适当的帮助和指导(如:提供建议、提问、启发、暗示、示范、共同游戏等),支持幼儿实现目标。

4.游戏后能引导幼儿总结游戏活动,能够及时抓住活动中出现的有价值的研讨点以提问、追问等方式引导幼儿展开讨论,引导幼儿反思和总结经验。

5.老师撰写游戏观察记录,记录幼儿在游戏活动中的兴趣和游戏水平,以此作为下一阶段调整和推进活动的依据。老师反思教育行为的适宜性,提出支持幼儿发展的策略。

6.幼儿园要保障幼儿每天有一定时间的体育自主游戏时间。

三、体育自选游戏指导要点

(一)指导要点

1.幼儿自选游戏材料、游戏场地、游戏同伴,开展游戏活动。

2.老师的着装应适合运动(能方便、灵活地带领孩子运动)。

3.游戏前检查孩子着装,要求穿适合的衣服参与运动。保育员应准备好擦汗毛巾和放置衣物的收纳箱等。针对体弱多汗的幼儿应事先采取预防措施(如垫上干毛巾等)。

4. 活动时，幼儿应始终在老师的视线内，并且老师应对幼儿提出安全要求。

5. 两位及以上老师共同观察幼儿游戏，在可能出现安全隐患的材料旁须有一位老师做好安全防护准备，班级老师呈三角形站位，视线覆盖全体幼儿。

6. 根据平行班的统筹，每班至少选择一件组合运动器械作为活动材料，创设富有趣味性的运动环境，适时调控运动量。

7. 帮助幼儿把握、控制自己的动作和行为，对危险的事情能及时做出反应，培养幼儿的自我保护意识和应对危险的能力。

8. 指导并辅助幼儿做好运动后的着装调整、物品整理，形成良好的运动习惯。

（二）老师的支持与回应

1. 细心观察幼儿，给幼儿充足的探索时间与空间。时间与空间充裕，有利于幼儿自主探索游戏过程中遇到问题，或自己思考解决问题的方法，或观察学习同伴的方法，或与同伴合作处理问题。

2. 有效利用追问，启发幼儿理清思路。老师作为旁观者进行观察后，可以针对发现的问题提问，启发幼儿进行思考、做出回应，让幼儿学会梳理问题、总结经验。

3. 提供材料，支持幼儿回顾游戏过程。利用纸和笔记录的方式，幼儿能更好地回顾游戏过程，进行游戏内容扩展，积累游戏经验。同时，也有利于幼儿展示交流，进行互相模仿学习，从而进一步积累同类游戏的经验。

4. 老师要尊重幼儿的个体差异，了解每个幼儿的学习方式。在游戏过程中，根据孩子的不同特点给予不同指导，游戏结束后梳理个性问题和共性问题，为后期开展游戏活动积累信息。

5. 家长助力，助推幼儿游戏经验积累。在条件允许的情况下，老师可将幼儿的游戏视频上传到家长群，方便家长了解幼儿的游戏水平，加强家园合作，进一步丰富幼儿游戏经验。

四、各年龄班体育游戏的指导要点

（一）小班体育游戏指导要点

1. 游戏特点

幼儿的动作发展处于初步阶段，协调性较差，大肌肉群发育尚不完善。从心理特点上看，喜爱游戏、好模仿、注意力易分散。对游戏中的角色、动作和情节感兴趣，但对游戏结果不太关注。

2.指导要点

该阶段应以角色游戏为主，要求情节简单，内容贴近生活。老师应通过动作示范调动幼儿的情绪，引导幼儿模仿学习，但不宜过分纠正幼儿的动作。加强活动的节奏控制，时间安排应紧凑，避免分组等待。老师利用各种方式激励幼儿练习动作。

（二）中班体育游戏指导要点

1.游戏特点

幼儿的动作更加协调，能够较完整地完成一些基本动作，对抗性和追逐性游戏增多，运动量逐渐增大。幼儿的注意力较易集中，能较好地控制自己的情绪和遵守游戏规则。

2.指导要点

增加游戏的探索性，鼓励幼儿探索新的玩法。适当增加分组竞赛性因素，引导幼儿掌握动作要领。关注幼儿的情绪变化，及时调整游戏难度，使其保持参与兴趣。

（三）大班体育游戏指导要点

1.游戏特点

动作更加熟练、准确，能够完成较复杂的组合动作。团队合作和竞争意识增强，愿意与同伴共同完成任务。能够自觉遵守规则，具有一定的策略思维和解决问题的能力。

2.指导要点

设计具有挑战性和合作性的游戏，促进幼儿之间的交流和合作。引导幼儿掌握多种交往技能，提高他们的团队协作能力。培养幼儿的责任感和互助友爱品质，鼓励他们勇敢面对困难和挑战。

项目评价

主题	内容	优秀	良好	一般	较差	很差
学习态度	能积极、认真地完成阅读、讨论、分享等各项任务	5	4	3	2	1
专业知识	掌握幼儿体育游戏的概念、特点、教育价值，掌握不同发展阶段幼儿体育游戏组织与指导要点	5	4	3	2	1
团队协作	积极参与讨论，对其他人的发言能提出合理见解。能很好地融入课堂小组讨论，完成小组任务，共同推进学习进程	5	4	3	2	1
沟通交流	能够清晰准确地表达自己的观点，与他人交流时态度、语气恰当	5	4	3	2	1
实践应用	根据幼儿年龄特点等为幼儿体育游戏创设适宜环境、制订体育游戏活动方案。能对幼儿体育游戏进行观察与评价，正确指导幼儿体育游戏活动	5	4	3	2	1
自我小结						

项目小结

本项目主要学习了幼儿体育游戏的概念、特点、教育价值以及幼儿体育游戏组织与指导要点。在学习理论知识和案例的基础上，能根据幼儿年龄特点等为幼儿体育游戏创设适宜环境、制订体育游戏活动方案，能对幼儿体育游戏进行观察与评价，以及正确指导幼儿体育游戏活动。

直通赛证

一、选择题

幼儿赛跑游戏、下棋游戏一般属于(　　)。

A.表演游戏　　B.建构游戏　　C.角色游戏　　D.规则游戏

二、简答题

简述幼儿户外运动游戏中老师的观察要点。

三、材料分析题

根据材料，分析说明幼儿可以从活动中获得哪些经验？

几个幼儿正在玩游戏，他们把竹槽连接起来构成一个有坡度的“桥”，想让乒乓球从桥头开始沿竹槽滚动，然后落在一定距离外的竹筒里。游戏过程中，他们遇到了很多困难，如球从竹槽连接处掉落，竹槽连成的桥太陡球怎么也落不到竹筒里。但是通过不断努力，他们终于让球滚到了竹筒里。

四、游戏设计题

1.游戏题目:《猫捉老鼠》

内容说明：当猫捉住老鼠后，被捉住的老鼠就要表演一个节目，并在下一轮游戏中代替猫继续进行游戏。

设计要求：

(1)活动至少包括两种游戏类型。

(2)根据游戏内容创编儿歌，完整演示创编后的儿歌。

(3)请在10分钟内完成上述任务。

回答问题：

如果幼儿在游戏过程中发生争抢，老师该怎么处理？

2.游戏题目:《迷迷转》

内容说明：幼儿双手向两侧平举，边移动边旋转身体，同时口中念“迷迷转、迷迷转，大风吹来快快站”，当念到“站”的时候站定不动。

设计要求：

(1)梳理清楚游戏规则、玩法。

(2)设计一种符合幼儿年龄特点的新玩法。

(3)请在10分钟内完成上述任务。

实践实训

1.自选年龄班设计一个体育游戏活动方案，以小组为单位进行游戏模拟教学。

2.到幼儿园进行见习，完成体育游戏观察记录。观察记录表格可以自制，也可以用实习单位的。

推荐阅读

[1]郭余云.幼儿园阳光体育游戏活动120例[M].福州：福建教育出版社，2019.

[2]中国教育科学研究院早期教育研究中心.幼儿园体育游戏与体操[M].北京：教育科学出版社，2015.

项目九

幼儿民间游戏的组织与指导

学习目标

知识目标

1.了解幼儿民间游戏的概念、类型、特点、教育价值；

2.掌握不同发展阶段幼儿民间游戏组织与指导要点。

技能目标

1.能根据幼儿认知规律挖掘并筛选民间游戏资源，创设适宜环境，开展民间游戏活动；

2.能对幼儿民间游戏活动进行观察、记录与指导；

3.能对民间游戏材料进行安全评估。

素养目标

1.善于探究幼儿民间游戏的文化背景，积极进行游戏创新改编；

2.积极传承中华优秀传统文化。

学习重难点

学习重点

1.理解幼儿民间游戏的概念、类型、特点和教育价值；

2.掌握幼儿民间游戏组织指导策略。

学习难点

1.能筛选、改编适宜幼儿发展的民间游戏；

2.掌握幼儿园民间游戏的组织指导策略。

思维导图

- 幼儿民间游戏的组织与指导
  - 民间游戏的认识
    - 民间游戏的概念
    - 民间游戏的特点
    - 民间游戏的类型
    - 民间游戏的教育价值
  - 民间游戏的组织与指导
    - 游戏开始前的指导要点
    - 游戏过程中的指导要点
    - 游戏结束后的指导要点
    - 各年龄班民间游戏的特点及指导要点

任务一

民间游戏的认识

案例引入

《中华人民共和国学前教育法草案(征求意见稿)》第三十二条指出:“幼儿园应当以儿童的生活为基础,最大限度地支持和满足儿童通过亲近自然、实际操作、亲身体验等方式获取经验的需要,促进儿童在健康、语言、社会、科学、艺术各方面协调发展。”

开展民间游戏活动,应从幼儿的实际出发,通过多种形式促进幼儿的健康成长,增强幼儿的团队合作精神和规则意识,让幼儿在轻松愉快的氛围中实现全面发展。开展民间游戏活动,能够充实园本课程内容,保护和传承地方文化,带领幼儿走近生活、走向自然,促进幼儿发展。

某实验幼儿园结合当地实际,收集、筛选与整理出一些适合幼儿学习的民间游戏素材,自制了一些民间游戏材料,孩子们每天都乐意玩民间游戏。

幼儿园老师应该如何利用民间游戏素材设计民间游戏活动?

任务准备

1. 内容准备:明确需要讨论的主题与内容。

2. 人员准备:10人为一组,小组成员进行分工。

3. 用物准备:纸、笔、视频、教材及相关参考书。

4. 地点准备:在多媒体教室分小组围坐。

工作表单

工作表单1

案例分析

观看幼儿民间游戏案例，说明案例中幼儿在玩什么游戏，用了什么材料？

工作表单2

思考总结

结合你对幼儿民间游戏的认识和理解，描述幼儿民间游戏的内涵和特点，完成下表。

民间游戏的内涵	民间游戏的特点

工作表单3

分析总结

查阅资料，分析并说明民间游戏的类型有哪些？

工作表单4

思考总结

结合你掌握的理论知识及实践经验,尝试说明民间游戏对幼儿的教育价值。

任务分析

本次任务将深入探讨幼儿民间游戏相关知识,包括了解民间游戏的概念、特点和教育意义,以及游戏对幼儿发展的影响。这些知识储备是顺利开展幼儿民间游戏活动的基础,也是一名幼教工作者的必备素质。

学习支持

一、民间游戏的概念

民间游戏,亦称“玩要”,是在人们日常生活中广为流传的娱乐形式,因其简单、有趣,不受参与者数量、游戏场地等约束而深受人们喜爱。它在我国传统文化中占有重要地位,具有地方文化气息浓厚、游戏规则简单、趣味性强以及游戏材料简单等特点。民间游戏通常伴随着许多人度过了难忘的童年时光,对人早期的身体发展、智力开发、情感培养等都有积极的影响。

民间游戏种类繁多,包括儿童的庭院嬉戏类,以及少年和成年人都热衷参与的斗智类等。这些游戏既有娱乐性,又有深厚的文化内涵,跨越了年龄界限,成为各年龄段人们的娱乐方式。例如，踢毽子、跳房子、捡棋子等都是民间游戏的代表。这些游戏不仅能让人们获得乐趣，还能在潜移默化中传承传统文化，增进人们的感情。因此，民间游戏不仅具有娱乐性，更具有教育性和文化价值，是我国传统文化的重要组成部分。在现代社会中，我们更应该重视民间游戏的传承和发展，让更多人了解和参与这些有趣的游戏。

二、民间游戏的特点

（一）适应性

每个幼儿都是一个独立的个体，因此，在设计幼儿民间游戏时，必须充分考虑幼儿的年龄特点、认知能力等，以确保游戏能够更加贴近他们的实际需求和兴趣。有针对性地设计游戏不仅能增强游戏的趣味性，提升幼儿的参与度，还能更好地促进幼儿身心全面发展。

（二）教育性

《幼儿园工作规程》中明确指出："贯彻国家的教育方针，按照保育与教育相结合的原则，遵循幼儿身心发展特点和规律，实施德、智、体、美等方面全面发展的教育，促进幼儿身心和谐发展。"将民间游戏融入幼儿园游戏活动的目的是帮助幼儿学习和传承民间游戏，让幼儿在快乐、愉悦的活动氛围中运用各种感官大胆尝试、主动学习、操作探究、获得经验，身心得到和谐发展。

（三）趣味性

民间游戏具有浓厚的趣味性。幼儿天性好玩、好动、好奇，容易对新鲜事物产生浓厚的学习兴趣，民间游戏往往内容丰富、形式活泼、生动具体，很多游戏还配有朗朗上口的儿歌或口令，符合幼儿的心理特点，能够吸引幼儿的注意力，使他们在游戏中获得快乐。可以通过改变民间游戏的材料、玩法、规则等增加其趣味性，从而吸引幼儿积极参与游戏活动。例如，"老鹰抓小鸡""抽陀螺"等游戏，孩子们可以扮演不同的角色，进行追逐、竞争和合作，在玩乐中获得经验和知识。

（四）灵活性和简便性

民间游戏具有灵活性和简便性的特点。孩子们在游戏时可以自主选择，自由结伴，不受玩法限制，可以探索创新。同时，这些游戏一般都比较简单，易于学习，使用的道具也往往是日常生活中随手可得的材料，取材非常方便。这种简便性使得游戏可以在任何时间、任何地点进行，不需要特定的场地和设备。

（五）文化传承性

民间游戏还具有文化传承的作用。这些游戏往往蕴含着丰富的文化内涵和人生哲理，孩子们在游戏中可以了解游戏的文化背景，培养团结合作、互相帮助等良好品质。同时，通过游戏，孩子们可以锻炼身体，增强自信心和抗挫折能力，培养良好的心理素质。

综上，幼儿民间游戏在幼儿教育中具有重要地位，对促进幼儿的身心健康发展意义重大。

三、民间游戏的类型

幼儿民间游戏的类型多种多样，可以根据不同的标准进行分类。

（一）按游戏性质分类

按游戏性质不同，民间游戏可以分为智能游戏、体能游戏和智能与体能相结合的游戏。智能游戏如猜谜语、棋类游戏等，主要锻炼幼儿的思维能力和策略意识；体能游戏如跳绳、追逐跑、踢毽子等，主要发展幼儿的运动能力；智能与体能相结合的游戏如老鹰抓小鸡、丢手绢等，既需要幼儿思考策略，又需要他们进行身体活动。

（二）按游戏形式分类

按游戏形式不同，民间游戏可以分为语言类、体育类、益智类和娱乐类等。语言类游戏如童谣、绕口令等，主要培养幼儿的语言表达能力和理解能力；体育类游戏如跳房子、滚铁环等，主要锻炼幼儿的身体素质和动作协调能力；益智类游戏如拼图、七巧板等，主要发展幼儿的智力和思维能力；娱乐类游戏如击鼓传花、猜拳行令等，主要目的是让幼儿在游戏中获得快乐。

（三）按游戏内容分类

按游戏内容不同，民间游戏可以分为角色类、表演类、结构类和运动类等。角色类游戏如过家家等，主要让幼儿通过扮演角色来模仿成人的生活，认识角色分工；表演类游戏如故事表演、歌舞表演等，主要培养幼儿的表演能力和艺术素养；结构类游戏如积木搭建、沙土造型等，主要锻炼幼儿的空间知觉和创造力；运动类游戏如跑步比赛、跳远比赛等，主要发展幼儿的运动技能和竞争意识。

需要注意的是，民间游戏的分类方式并不是绝对的，有些游戏可能同时属于多个类型。此外，不同地区和文化背景下的幼儿民间游戏也可能存在差异，具体如何分类，还需要在实际应用中根据具体情况灵活处理。

四、民间游戏的教育价值

（一）有助于促进幼儿的身体发展

民间游戏通常包含了丰富的肢体动作，如跑、跳、爬、滚等，有助于幼儿大肌肉群的发展，提高动作的协调性和灵活性。例如，孩子们在“跳房子”游戏中需要根据地上的格子进行单脚跳、双脚跳等，不仅锻炼了身体，还提高了对空间的感知能力。

（二）有助于促进幼儿的智力发展

很多民间游戏都包含策略、推理和判断等元素，幼儿在游戏中需要思考如何获胜，如何与伙伴合作等，这有助于提升他们的思维能力、观察能力和解决问题的能力。比如，“五子棋”游戏，孩子们需要思考如何布局，如何阻止对手，这对他们的逻辑思维锻炼很有帮助。

（三）有助于促进幼儿的社会性发展

民间游戏往往需要幼儿与他人合作、交流，共同完成任务或达成目标。在游戏过程中，孩子们可以学习如何与他人相处，如何理解他人，如何分享和谦让，这对他们的社交能力和情感发展都有积极的促进作用。例如，“老鹰抓小鸡”游戏，孩子们需要扮演不同的角色，相互配合，共同完成游戏，游戏活动可以培养他们的团队意识和协作精神。

（四）有助于传承和弘扬民族文化

很多民间游戏都蕴含丰富的民族文化和历史元素，孩子们在游戏中可以接触到这些文化，了解并尊重自己的传统文化，从而培养民族认同感和增强文化自信。

（五）有助于提升幼儿参与游戏的兴趣

民间游戏具有趣味性和灵活性，能够激发幼儿的兴趣和积极性，让他们在快乐的氛围中学习和成长。同时，这类游戏通常没有固定的规则，孩子们可以根据自己的喜好和想象进行改编和创新，这有助于培养他们的创新精神和想象力。

总之，民间游戏具有多方面的教育价值，应该得到充分重视和利用。在幼儿教育中，老师可以根据幼儿的年龄特点和兴趣爱好，选择或改编合适的民间游戏，让幼儿在游戏中获得发展。

任务二
民间游戏的组织与指导

案例引入

在一次抢圈圈游戏中,孩子们围成一个大圈,老师在孩子们中间放了几个彩色的塑料圈。随着欢快的音乐声响起,孩子们兴奋地绕着圈圈跑动起来。他们的脸上洋溢着笑容,眼中闪烁着期待和兴奋的光芒。

游戏进行过程中音乐突然停止,原本欢快的氛围立刻变得紧张起来。小睿和小强同时看中了一个黄色的圈圈,两人几乎同时冲向它。小睿抢先一步站到了圈圈里面,但小强并没有放弃,他双手紧紧抓住圈圈的边缘,想把小睿挤出去。

“这是我先看到的!”小睿大声喊道,同时用力推着小强。

“不,我先看到的!”小强也不甘示弱,两人争夺了起来。周围的孩子们看到这一幕,有的惊讶,有的则开始劝架。

“你们不要抢,再找一个圈圈嘛!”倩倩试图调解。

但此时的小睿和小强已经听不进去任何话,他们继续拉扯着这个黄色的圈圈。游戏被迫终止。

1. 老师应该如何指导该游戏顺利进行?

2. 老师该如何组织与指导民间游戏活动?

任务准备

1. 内容准备:明确需要讨论的主题与内容。

2. 人员准备:6—8人为一组,选定小组长,小组成员进行分工。

3. 用物准备:纸、笔、教材及相关参考书。

4. 地点准备:选择讨论的地点和选择座次顺序。

工作表单

工作表单 1

小组讨论

进行小组讨论，分析开展幼儿民间游戏前应该做些什么准备？

工作表单 2

视频分析

扫码观看幼儿民间游戏视频，结合学习的理论知识和见习的实践经验，分析幼儿民间游戏指导要点。

项目	指导要点
游戏开始前	
游戏过程中	
游戏结束后	

工作表单 3

案例分析

大班民间游戏：踩高跷

一、游戏背景

幼儿园筛选了一些民间游戏素材，准备开展幼儿游戏活动。在考虑幼儿的发展水平后，决定投放一些游戏材料供幼儿自选游戏使用。孩子们最终选择了踩高跷。

二、游戏目标

1. 幼儿能双脚踩在脚蹬上手脚协调地行走。

2. 幼儿能进行探索创新，发现高跷的多样玩法。

3. 幼儿在游戏过程中能发现问题，并积极思考和解决问题。

三、游戏准备

1. 玩教具材料

高跷材料、民间音乐，纸、笔(便于孩子记录想法)。

2. 环境创设

空地一块，摆放多种可供游戏使用的材料。

3. 经验准备

幼儿有玩平衡类游戏的经验。

四、游戏内容及过程

扫码阅读游戏内容及过程。

结合案例分析游戏开始前、游戏过程中、游戏结束后的指导要点。

项目	指导要点
游戏开始前	
游戏过程中	
游戏结束后	

工作表单 4

思考总结

结合理论知识和见习经验，总结各年龄班幼儿民间游戏的特点和指导要点，完成下表。

年龄班	特点	指导要点
小班		
中班		
大班		

任务分析

通过理论知识和实践案例，学习民间游戏开始前、游戏过程中、游戏结束后的指导要点。知道老师确定游戏主题和目标，提供适当的材料和工具，观察和评估幼儿的游戏行为，为幼儿提供必要的支持和帮助，可以有效推进游戏活动。游戏后老师进行总结反思，才能为后续教学活动奠定基础，促进幼儿更好发展。

学习支持

一、游戏开始前的指导要点

1. 选择合适的游戏

老师可以选择适合幼儿年龄和兴趣的民间游戏，并让幼儿熟悉游戏的规则和玩法。这样能够确保幼儿理解并遵守规则，并使游戏活动顺利进行。

2. 介绍游戏背景

老师通过讲述与游戏相关的故事或介绍游戏的起源，帮助幼儿更好地理解游戏的意义和价值，增加他们的游戏兴趣和热情。

3. 确定游戏玩法

老师可以与幼儿一起确定游戏的规则和玩法，鼓励他们提出自己的想法和建议。这样幼儿能够感到自己的参与和贡献被重视，增加他们对游戏的认同感。

4. 创设游戏环境

老师可以根据游戏的需要，设置游戏场景和准备游戏道具，并进行安全性检查，确保游戏环境安全，以避免游戏中出现意外情况。

5. 组织热身活动

老师可以组织幼儿进行热身活动，如简单的体操或拉伸运动，以帮助他们做好身体和心理准备。幼儿身心放松，注意力集中，参与热情高，是游戏前应该做好的准备工作。

二、游戏过程中的指导要点

1. 讲解规则和示范动作

老师应边讲解边示范游戏动作，确保每个幼儿都能理解。对于复杂的游戏，老师可以先简化规则，再逐步增加难度，以便幼儿逐步掌握。同时，鼓励幼儿积极提问，针对他们的疑问进行耐心解答。

2. 关注幼儿活动情况

在游戏过程中，老师应密切关注幼儿的表现，及时发现问题并进行提示，必要时纠正他们的错误动作或不当行为。同时，根据幼儿的实际情况，适时调整游戏的难度和节奏，以确保他们的游戏兴趣和参与度。

3. 关注游戏趣味性

为了增强游戏的互动性和趣味性，老师可以设计一些团队合作或挑战环节，鼓励幼儿与同伴共同完成任务或取得胜利。这不仅可以提高幼儿的团队协作能力，还能培养他们的竞争意识和进取心。

4. 营造良好的游戏氛围

在游戏过程中融入教育元素，如引导幼儿思考游戏策略，培养他们的观察力和判断力等。老师应关注幼儿在游戏中的情感体验，及时给予肯定和鼓励，以增强他们的自信心。对于表现不佳的幼儿，老师应以宽容和理解的态度对待，帮助他们分析原因并提供改进建议，让幼儿在轻松愉快的氛围中学习和成长。

三、游戏结束后的指导要点

1. 总结和分享

组织幼儿进行游戏的总结和分享。老师可以邀请幼儿讲述他们在游戏中的体验、收获以及遇到的困难，鼓励他们积极分享自己的经验和想法。这不仅能够帮助幼儿回顾游戏过程，还能培养他们的语言表达能力和思维能力。同时，老师也可以对游戏中幼儿的表现进行点评，肯定他们的优点，指出需要改进的地方，以便幼儿能够更好地理解自己的游戏表现。

2. 反思和拓展

引导幼儿进行游戏的反思和拓展。老师可以与幼儿一起讨论游戏策略和技巧，帮助他们分析成功或失败的原因，从而提升他们的思维能力和解决问题的能力。此外，老师还可以根据游戏的特点，引导幼儿探索更多的玩法，激发他们的创造力和想象力。

3. 文化浸润

老师可以结合游戏内容，进行相关知识讲解。例如，可以向幼儿介绍与游戏相关的历史故事、传统文化等，帮助他们了解并尊重自己的民族文化。这不仅能够丰富幼儿的知识储备，还能培养他们的民族自豪感和文化认同感。

4. 家园共育

老师可以鼓励幼儿将游戏带回家，与家人一起玩耍，从而增进亲子感情，扩大游戏的影响力。同时，平行班也可以进行交流合作，共同开展民间游戏活动，促进幼儿之间的交流与合作，营造更加和谐的幼儿园环境。

四、各年龄班民间游戏的特点及指导要点

(一)小班幼儿民间游戏的特点及指导要点

1.游戏特点

该阶段幼儿的思维具体形象,模仿能力强;上下肢协调性差,小肌肉发育不完善;身体的灵活性、力量、耐力水平较低。因此,小班幼儿游戏应具有动作简单、易模仿、能锻炼小肌肉和身体灵活性等特点。

2.指导要点

应选择形象逼真、生动有趣、玩法简单、技能性不太强的游戏,如"老鹰抓小鸡"。注重游戏的趣味性,以吸引幼儿参与并体验游戏的快乐。老师在游戏中适当引导,帮助幼儿理解游戏规则,鼓励他们尝试不同的玩法。

(二)中班幼儿民间游戏的特点及指导要点

1.游戏特点

中班幼儿的思维具体形象,理解能力、身体灵活性比小班幼儿有所增强。能够在游戏中动脑开智,开始养成在活动中思考的习惯。中班幼儿的游戏应该较小班更复杂一些,满足锻炼身体的协调性、力量和逻辑思维的需要。

2.指导要点

应选择既能愉悦幼儿身心,又能促使幼儿动脑开智的游戏。鼓励幼儿在游戏中积极思考,尝试找出解决问题的策略。适当增加游戏的复杂性和挑战性,以激发幼儿的好奇心和探索欲望。

(三)大班幼儿民间游戏的特点及指导要点

1.游戏特点

大班幼儿动作的灵活性、协调性增强,运动强度加大。竞争意识也逐渐增强,喜欢参与竞赛性游戏。因此,大班幼儿游戏应满足幼儿的这些成长需要。

2.指导要点

应选择技巧性、竞争性强的游戏,如"挑棒""沙包战"等。在游戏中培养幼儿的竞争意识,引导他们正确看待胜负,培养他们的抗挫能力。鼓励幼儿探索一物多玩的方

法，发挥他们的创造力和想象力。

总的来说，在指导各年龄班民间游戏时，老师应遵循“高密度，低强度”的原则，确保幼儿在游戏中既能够得到锻炼，又不会感到过于疲劳。同时，老师还应根据幼儿的实际情况和兴趣特点，灵活调整游戏内容和难度，以满足他们的不同需求。注重游戏的安全性和教育性，确保幼儿在游戏中既能够玩得开心，又能够学到知识，获得成长。

项目评价

主题	内容	优秀	良好	一般	较差	很差
学习态度	能积极、认真地完成阅读、讨论、分享等各项任务	5	4	3	2	1
专业知识	掌握幼儿民间游戏的概念、特点、教育价值，掌握不同发展阶段幼儿民间游戏组织与指导要点	5	4	3	2	1
团队协作	积极参与讨论，对其他人的发言能提出合理见解。能很好地融入课堂小组讨论，完成小组任务，共同推进学习进程	5	4	3	2	1
沟通交流	能够清晰准确地表达自己的观点，与他人交流时态度、语气恰当	5	4	3	2	1
实践应用	根据幼儿年龄特点等为幼儿民间游戏创设适宜环境，制订民间游戏活动方案。能对幼儿民间游戏进行观察和评价，正确指导幼儿民间游戏活动	5	4	3	2	1
自结小结						

项目小结

本项目主要学习了幼儿民间游戏的概念、特点、教育价值以及幼儿民间游戏组织与指导要点。通过学习学生能根据幼儿年龄特点等为幼儿民间游戏创设适宜环境，制订游戏活动方案,能对幼儿民间游戏进行观察与评价,并正确指导幼儿民间游戏活动,为成为优秀的学前教育工作者奠定基础。

直通赛证

一、选择题

幼儿拿一根竹竿当马骑,竹竿在游戏中属于(　　)。

A.表演性符号　　B.工具性符号　　C.象征性符号　　D.规则性符号

二、简答题

简述幼儿民间游戏的特点。

实践实训

请自选年龄班设计一个民间游戏方案,以小组为单位进行游戏模拟教学。

要求:

1.游戏名称、游戏目标明确;

2.游戏规则、游戏过程详尽。

推荐阅读

[1]沈艳凤.幼儿园民间游戏课程故事[M].福州:福建教育出版社,2021.

[2]冉义芳,郑雪莲,冉华英.幼儿园民间游戏汇编[M].北京:化学工业出版社,2021.

项目十

幼儿游戏评价

学习目标

知识目标

1.理解幼儿游戏评价的概念和重要价值；

2.熟悉幼儿游戏评价的主要内容及评价要点；

3.了解《幼儿园保育教育质量评估指南》的内容和精神。

技能目标

1.能依据幼儿游戏评价方法，对幼儿游戏方案进行准确评价；

2.能依据幼儿游戏评价方法，对不同的游戏活动进行评价。

素养目标

1.树立科学的幼儿游戏评价观；

2.游戏评价坚持实事求是的态度。

学习重难点

学习重点

1.理解幼儿游戏评价的概念、价值、内容及要点；

2.掌握幼儿游戏评价方法，能对幼儿游戏进行分析与评价。

学习难点

1.针对幼儿园开展的各类游戏活动，进行科学、客观的评价与分析；

2.幼儿园游戏评价中应该注意的事项。

思维导图

- 幼儿游戏评价
  - 幼儿游戏评价的认识
    - 幼儿游戏评价的概念
    - 幼儿游戏评价的价值
    - 幼儿游戏评价的内容
  - 幼儿游戏评价要点
    - 创造性游戏评价要点
    - 规则性游戏评价要点
  - 幼儿游戏评价方法
    - 反映式评价
    - 问题式评价
    - 作品欣赏分析式评价
    - 跟踪式评价
    - 自助图表式评价
    - 幼儿园游戏评价

任务一

幼儿游戏评价的认识

案例引入

早上入园后，彤彤急切地来到玩具柜前，挑选喜爱的布娃娃玩起来。这时丹丹走过来问："我们一起玩，好吗？"彤彤点头同意了丹丹的请求。

彤彤想给布娃娃喂饭，丹丹却想给布娃娃洗脸，于是两个孩子争论起来。最后，彤彤想了个主意，说："我来当妈妈给宝宝喂饭，你来当爸爸给宝宝洗脸吧！"丹丹接受了这个提议。两个孩子高兴地继续玩游戏。

彤彤和丹丹在玩什么游戏，老师该如何评价幼儿的游戏表现呢？

任务准备

1. 内容准备：明确需要讨论的主题与内容。
2. 人员准备：6—8人为一组，选定小组长，小组成员进行分工。
3. 用物准备：纸、笔、课件、教材及相关参考书。
4. 地点准备：智慧化实训室。

工作表单

工作表单

小组讨论

小组讨论并总结幼儿游戏评价内容。

任务分析

本次任务主要学习幼儿游戏评价的概念、评价的价值以及评价内容。了解幼儿游戏评价对幼儿本身、幼儿老师和幼儿园的作用，掌握游戏教育作用评价、游戏发展水平评价、老师指导行为评价、游戏环境及材料评价要点，有利于科学设计幼儿游戏方案和开展游戏活动。

学习支持

一、幼儿游戏评价的概念

幼儿游戏评价是指以进行中的幼儿游戏为对象，对其做出价值上的判断。从广义上来理解，幼儿游戏评价包括两个方面：一方面，指的是对幼儿游戏教育实施活动的评价，具体体现在老师对幼儿游戏的引导与支持、对游戏环境(包括物质环境和精神环境)的创设、游戏计划的制订、游戏场地的布置、游戏时间的安排、游戏后的总结与反思等。另一方面，指的是对幼儿游戏行为本身的评价，具体表现为幼儿的游戏兴趣、情绪状态、经验水平、语言发展水平、思维能力、社会性、对材料的使用情况，以及游戏的自主性与创造性等。第二个方面也即狭义上的游戏评价。游戏评价对幼儿游戏活动的开展起着重要作用，有利于提高幼儿的游戏质量，促进幼儿的经验获得与技能发展。

二、幼儿游戏评价的价值

游戏能反映幼儿的发展水平，通过评价幼儿游戏，可以获得幼儿的当前发展水平以及最近发展区，有利于针对性地实施教育活动。因此，幼儿游戏评价对幼儿本身、老师和幼儿园都具有积极作用。

(一)促进幼儿的发展

幼儿的游戏活动可以客观地反映幼儿的真实发展水平，通过观察、记录幼儿游戏表现，可获得每个幼儿的发展信息。比如角色游戏，幼儿通过扮演角色进行模仿和想象,创造性地反映现实生活。幼儿在角色游戏中,专注于自己扮演的角色和角色所要完成的任务,倾向于积极地遵循规则,这对幼儿的认知发展具有重要意义。因此,通过游戏评价,老师可以有针对性地实施教育活动,最大程度激发幼儿的游戏兴趣,丰富幼儿的游戏体验,增加幼儿的生活经验,从而促进幼儿更好发展。

(二)提高老师的专业水平和能力

对于幼儿来说,游戏即学习;对于老师来说,指导即教育。老师创设的游戏环境,提供的游戏材料,参与和指导游戏的效果等都是评价老师专业水平的指标。游戏活动中,老师要不断地观察,适时地进行指导,排除游戏过程中的困难,及时处理幼儿在游戏中遇到的问题。这些均对老师的专业水平提出了更高要求,也是老师收集幼儿发展信息的来源。老师可以据此分析幼儿游戏水平,反思教学情况,总结教学经验,查漏补缺,不断提升教学质量。

《幼儿园保育教育质量评估指标》明确提出,“支持幼儿探究、试错、重复等行为,与幼儿一起分享游戏经验”,“支持和拓展每一个幼儿的学习”。因此,可从老师的放手是否适度、有没有推进游戏、有没有及时关注游戏情况、干预的时机是否恰当、提供的材料是否有层次性、是否总结经验等角度评价老师的游戏指导水平。通过游戏活动评价来了解老师的游戏指导技能和水平,可以促使老师树立正确的儿童观和教育观,强化游戏作为幼儿园基本活动的认识,提高老师的专业水平和能力。

(三)实现幼儿园高质量发展

幼儿园的高质量发展涉及很多因素,但老师是关键。幼儿游戏中存在的问题不仅反映出幼儿的发展水平、老师的教学水平,也在一定程度上反映出幼儿园管理中存在的问题。例如,幼儿游戏材料、设施是否安全、齐备,可以反映出幼儿园安全管理工作是否到位、经费投入是否充足。幼儿老师的责任心是否强,可以反映出教师管理工作是否到位。幼儿老师整体精神面貌良好,可以反映出幼儿园的人文环境良好。幼儿老师专业水平高,可以反映出幼儿园师资力量更强,师资培养培训工作做得好。总之,幼儿游戏是反映幼儿园整体办园水平的途径之一,通过发现问题,解决问题,才能促进幼儿园的高质量发展。

三、幼儿游戏评价的内容

幼儿游戏评价内容包括游戏教育作用的评价、幼儿游戏发展水平的评价、老师指导行为的评价、游戏环境及材料的评价以及各种游戏类型的评价等。

(一)游戏教育作用的评价

游戏教育作用的评价重点要看幼儿在游戏中得到了什么样的发展,幼儿通过游戏是否有所收获,游戏对幼儿发展的教育作用是否实现。我们可以从幼儿是游戏的主人这一角度来衡量和评价幼儿游戏。

1.幼儿按照自己的意愿参与游戏,在游戏中发挥了创造性,在游戏中有快乐的情绪体验,获得了认知等方面的发展,这些都能说明游戏成功实现了其教育价值。

2.幼儿能认真地参与游戏,在游戏中体现出兴趣。好的游戏能使幼儿产生极大的兴趣,并全过程参与游戏。比如,幼儿在规则游戏中,可能遇到一些困难,但能遵守游戏规则,认真、坚持参与游戏,并积极探索解决困难的办法。

3.幼儿能很好地使用玩具并爱护玩具。好的游戏能让幼儿情绪愉悦,能发挥培养幼儿良好行为习惯的作用。如游戏中,幼儿不仅能正确地使用玩具,还能爱护玩具,不争抢玩具;游戏后,幼儿能收拾整理玩具,把玩具放回原位。

4.幼儿在游戏中能与同伴合作,不妨碍他人的游戏活动。大部分游戏都存在同伴互动的情况,幼儿在游戏中懂得友爱、谦让、协商、合作等,能正确处理玩具、场地、角色的关系等,并让游戏顺利进行,这些都能说明游戏活动开展得比较成功。比如,在建构游戏中,幼儿能合作完成作品的搭建,共同收拾整理材料。

(二)幼儿游戏发展水平的评价

幼儿游戏发展水平受多种因素影响,如成人对游戏的态度、游戏的设施设备和材料、幼儿的身心发展情况、幼儿的性格等。根据游戏的种类不同,幼儿游戏发展水平的评价标准也不同。

评价幼儿游戏发展水平,可以了解幼儿身心整体发展情况。老师可以利用游戏评价量表中的指标,对幼儿游戏行为进行观察和评价,掌握本班幼儿集体或个体各方面的发展特点和取得的进步,从而了解本班集体或个体幼儿游戏发展水平。

(三)老师指导行为的评价

游戏作为幼儿的一种学习活动,离不开老师的有效指导。在评价过程中,老师不仅仅是评价的实施者,也是被评价的对象。

1.对指导内容的评价

老师应该做到引导游戏进程,在游戏活动前、活动中和活动后进行不同的指导,促使游戏顺利开展。如介绍材料、提出活动方式建议、提出行为要求等,启发和引导幼儿自主活动;参与幼儿的游戏过程,激励和启发幼儿积极学习及交往;依照幼儿的不同需要,适时介入游戏,给予适当的帮助;游戏结束后引导幼儿开展评价活动。

2.对师幼互动的评价

老师在游戏中是否关注幼儿的学习;怎样回应、支持幼儿的需求;能否运用鼓励、赞许、肯定性语言,表现出对游戏活动的支持;是否用眼神、表情等身体语言做出赞许的表示;是否做出否定性评价,如强行控制、禁止、批评等。这些都是评价的主要方面。老师态度积极会促使幼儿努力和进取,激励幼儿大胆尝试和创造。

3.对差异性指导的评价

游戏指导既要面向全体幼儿,又要关注个体幼儿,针对幼儿的不同特点,给予具体帮助,使个体更好地融入集体。老师还应注重发挥幼儿之间相互学习和促进的作用,引导幼儿之间积极互助。要避免整齐划一的指导。

老师要多进行纵向动态评价,减少对幼儿之间的横向比较。从不同维度评价幼儿的发展,这样才能掌握更加丰富、准确的信息。

4.对规则意识培养的评价

根据幼儿的年龄不同,老师应该在游戏活动中引导幼儿学习相关规则,引导和督促幼儿遵守规则,逐渐培养幼儿的自律性、组织性、独立性,树立规则意识。

(四)游戏环境及材料的评价

评价游戏环境主要考虑游戏场地和设施的安全性和适宜性,以及可供幼儿选择的材料的种类的多样性等。既要对室内环境进行评价,也要对室外环境进行评价。可以就每个或每类活动区域分别评价,然后对游戏环境整体进行评价。一般而言,可以从以下几方面评价游戏环境。

1.时间安排

《3—6岁儿童学习与发展指南》中明确提出，要保证幼儿每天不少于2小时的户外活动时间。幼儿的游戏都有起承转合的过程，是否有足够的自由游戏时间，是否安排了多种类型的游戏活动，户内外的时间是否有搭配等，都是幼儿活动设计应重点考虑的方面。研究表明，在较长的游戏时段(约30分钟)幼儿才有可能发展出社会性和认知层次较高的游戏形式，如团体游戏、建构游戏等。反之，幼儿没有足够的时间结伴、选择角色、计划情节，则只能进行一些简单形式的游戏。

2.户外场地特征

游戏场地设计合理，具有练习各种粗大动作的设备，具有组合性的运动器材，具有可移动的游戏活动设施等等，都是保障游戏发挥有效作用的因素。

3.室内空间结构

幼儿游戏的室内空间应该具有实用性、方便性、开放性和区域性等特征，确保开放性与隔离性搭配，使各个活动区域的布局合理。对于幼儿喜欢的区域、幼儿很少关注的区域，老师应该了如指掌。老师应结合本班幼儿的特点，将美工、阅读等安静的区域与建构、表演等热闹的区域分开，避免相互干扰。

4.游戏材料的提供

《幼儿园保育教育质量评估指南》中明确提出了玩具材料投放的具体评估要求。幼儿游戏玩具材料的种类应丰富，数量应充足，以低结构材料为主，能够保证多名幼儿同时游戏，尽可能减少幼儿使用电子设备。同时，材料的摆放位置要便于幼儿拿取，要易于幼儿识别。

任务二

幼儿游戏评价要点

案例引入

在确定“美猴王”的游戏主题后，乐乐、浩浩和轩轩在建构区想用积木搭建一座天宫，为了显示天宫的高大，他们将大块的长方形积木摆成一圈作为底座，上面再平铺一层扁平的积木，然后继续往上搭出殿宇的形状。因为天宫很高，所以通向天宫的台阶也需要一些较长的积木，但是剩余的积木都是比较薄的，竖着放容易倒塌，他们试了几次都没成功，有一次还差点儿把好不容易搭建起来的天宫碰倒。他们虽不甘心，但又无能为力。

这时，老师找来一些旧的硬纸盒放在他们身边。只见乐乐和轩轩就像见到了宝贝一样，马上用纸盒做台阶两端的基石，上面再搭一块薄积木，就这样他们继续搭建，最终完成了天宫的建造。[①]

老师介入的时机是否合适，我们应从哪些方面对该游戏进行评价？

任务准备

1. 内容准备：明确需要讨论的主题与内容。

2. 人员准备：6—8人为一组，选定小组长，小组成员进行分工。

3. 用物准备：纸、笔、课件、教材及相关参考书。

4. 地点准备：智慧化实训室。

① 廖俐，石媛. 幼儿游戏活动指导[M]. 成都：西南交通大学出版社，2019.

工作表单

工作表单

小组讨论

观看不同的幼儿游戏视频，通过小组讨论，分析并梳理出各类游戏的评价要点。

游戏类型	评价要点
角色游戏	
表演游戏	
建构游戏	
智力游戏	
音乐游戏	
体育游戏	
民间游戏	

任务分析

幼儿游戏有多种类型，如角色游戏、表演游戏、建构游戏等，各种游戏的特点不同，评价要点也不尽相同。本次任务我们结合游戏视频探讨幼儿不同类型游戏的评价要点，以便更加科学地对幼儿游戏进行指导，促进幼儿良好发展。

学习支持

游戏能反映和促进幼儿的发展，根据游戏的关键性特征不同，我们将其分为创造性游戏和规则性游戏，它们又可进一步细分为若干类型。游戏类型不同，评价要点也各异。

一、创造性游戏评价要点

应在观察幼儿具体游戏行为的基础上，参照以下七个维度进行创造性游戏评价。

具体维度以及评价指标见表10-1。

表10-1　创造性游戏评价维度及指标

评价维度	评价指标	备注
游戏主题	主题来源 主题的稳定性	游戏主题如果发生转移应说明缘由
游戏角色	角色意识 角色分配 扮演水平	—
游戏材料	材料的投放 材料的选择 材料的使用 创造性表现	—
游戏情节	情节表现 情节转换	—
语言和交往	表现程度 矛盾呈现 矛盾化解	应说明老师的介入时机和方式是否恰当
持续时间与兴趣	持续时间的长短 兴趣表现	—
游戏规则	对规则的理解 对规则的遵守	创造性玩法

(一)角色游戏的评价

首先,评价游戏的主题内容。幼儿角色游戏是对现实生活的模仿和延伸,主题内容往往与幼儿的生活经验有关,一定程度上反映幼儿的生活认知,老师要关注游戏主题,将其向健康的方向引导。

其次,评价角色意识和行为表现。幼儿在角色中表现出的行为、表达的语言常常是他们对某一角色的认知的反映,老师应针对错误认知进行引导,如进行语言和行为示范等,以此提升幼儿的角色认知水平

最后,评价游戏材料和玩具的使用与制作水平。玩具和材料是幼儿开展角色游戏的物质基础,有丰富游戏内容、激发幼儿想象力和创新能力的作用。游戏中幼儿常常有以物代物的行为,如将积木当作手机、小方巾当作被子、雪花片当作饼干等等。老师评价时要对幼儿的指代行为进行肯定,并启发他们改造和利用游戏材料,进行创新设计。

（二）表演游戏的评价

表演游戏是指幼儿按照童话故事等文学作品中的某一情节或多个情节，用语言、动作、表情等方式再现文学作品内容的游戏形式。幼儿可根据自身对故事的理解进行游戏的创造性改编，并按照自己的理解表现出来。老师认真、客观地评价表演游戏，对提高幼儿的认知水平，积累正确的游戏经验等都有积极作用。

首先，评价角色扮演情况。故事中角色的个性不同，表现出来的动作、语气、神态等也不相同，例如有凶猛残暴的老虎、狡猾的狐狸、温柔的小羊、忠诚的小狗、可爱的小兔等等，幼儿在扮演这些动物时，动作、语气、表情等应丰富多样，老师以此评价幼儿对角色的理解程度。必要时老师可以进行引导，如要求幼儿吐字清晰、情绪饱满、动作夸张等。

其次，评价环境创设情况。环境是故事发生的背景，对故事的演绎有衬托作用。幼儿尤其大班幼儿的动手能力、创新能力都已经发展到较高水平，他们可以根据自己对故事的理解布置场景。老师评价时要遵从客观性和象征性原则，对幼儿制作的道具、布置的场景、打扮的形象等，不能苛求完美，只要有一定的象征性即可。要多鼓励幼儿的创新之处，引导他们积累经验。

最后，评价幼儿的合作情况。角色游戏通常都有主角、配角的分工，在角色选择、角色动作、角色语言、服饰打扮等方面，老师要评价幼儿的分工是否明确、是否能积极配合、每个角色能否尽责等等。适当的时候，老师要进行引导，以便锻炼幼儿的领导能力，培养合作精神和团队意识。

（三）建构游戏的评价

建构游戏是指幼儿通过动手操作结构性材料（沙、土、积木、积塑、废旧物品等）创造性地构造物品的游戏。游戏作品通常是现实生活中建筑物等的再现。老师通过评价幼儿的建构游戏行为，可以了解幼儿的建构游戏发展水平。建构游戏的评价可以主要从以下两个方面进行。

首先，评价建构游戏的教育性。幼儿建构游戏的内容多为社会化事物，如高楼、汽车、工厂、飞机等，幼儿借助游戏材料，发挥想象力和创造力进行建构，完成作品，作品传达着幼儿的思想和创新之处。老师在评价时应仔细聆听幼儿自己对作品的描述，了解他们的想法，而不把重点放在“像不像”“好不好”的判断上。

其次，评价建构游戏的过程。幼儿建构过程中多用到搭、砌、拼、装、拔、插等动作，对幼儿的动作技能有一定要求，老师应关注和引导幼儿的大动作和精细动作发展。同时，建构游戏更能展现幼儿的空间思维能力，幼儿的建构作品常常会偏离游戏本来的目标，如建构的桌子看起来像椅子，但这并不意味着建构游戏没有意义，其意义恰恰在于创新性。老师在评价时应当对此有所认识，不能单从结构上评价幼儿的行为。

二、规则性游戏评价要点

规则性游戏的构成要素一般包括目的、玩法、规则和结果。规则性游戏被认为是幼儿游戏发展的最高形式，是幼儿游戏中最晚出现的游戏，其类型有智力游戏、体育游戏、音乐游戏等。规则性游戏的评价要点多集中在注意力、观察、记忆、语言、思维、想象和创造等方面。

（一）智力游戏的评价

对于智力游戏，主要围绕幼儿的兴趣与自主性、材料的选择与使用、学习品质与思维能力、交流与合作等方面进行评价。

（二）体育游戏的评价

对于体育游戏，主要围绕幼儿的兴趣与积极性、基本技能与年龄的匹配程度、运动量大小、遵守规则的意识和安全意识等进行评价。

（三）音乐游戏的评价

对于音乐游戏，主要围绕幼儿感知、感受节拍和节奏的能力，动作反应和身体协调能力，保持节奏的相对稳定性和连续性能力，情绪情感的表现能力等方面进行评价。

三、评价规则性游戏应注意的事项

规则性游戏由于具有秩序性，对幼儿的规则意识要求较高，但幼儿“自我中心化”特征与规则性游戏的秩序性要求相悖。因此，在规则性游戏中，处理好两者之间的关系是幼儿老师需要特别关注的问题。

一方面，应加强幼儿的规则意识训练，打破幼儿的“自我中心化”思维定式，当幼儿违反规则时，进行一定的惩罚，使幼儿学会从他人的角度思考问题，从而做到行为自律。

另一方面，应处理好规则和自由之间的关系。当幼儿沉浸于游戏而达到忘我的境地时，难免违反规则，规则与自由此时就成为一对难以调和的矛盾。此时老师干预幼儿的行为，幼儿会对自己的自由行为进行辩解，老师明智的做法是循循善诱，不采取强求和压制手段，避免打击幼儿的自尊心和主观能动性，不利于幼儿独立个性的形成。

针对规则性游戏，游戏前应做好幼儿的思想建设，老师与幼儿约法三章不失为明智的做法。

任务三

幼儿游戏评价方法

案例引入

大二班正在进行剪纸活动，小朋友们在老师的指引下剪出了各种图案，欣欣剪出了一只小狗，冬冬剪出了一只恐龙，小美剪出了一朵小花……小朋友们剪完后，都开心地拿着自己的作品给老师欣赏。

1. 老师对于小朋友们剪出的作品应该做出怎样的评价？
2. 活动结束后，老师应如何引导幼儿进行总结反思？
3. 总结反思对幼儿有哪些帮助？

任务准备

1. 内容准备：明确需要讨论的主题与内容。
2. 人员准备：6—8人为一组，选定小组长，小组成员进行分工。
3. 用物准备：纸、笔、课件、教材及相关参考书。
4. 地点准备：智慧化实训室。

工作表单

工作表单

观察记录

结合2023年全国学前教育宣传月活动主题“倾听儿童，相伴成长”，扫码观看贵阳市南明区第三实验幼儿园的自主游戏视频《多米诺变形记》，以小组为单位，设计观察记录表，并填写观察内容。

任务分析

本次任务我们将结合视频学习幼儿游戏评价方法，如反映式评价、问题式评价、作品欣赏分析式评价、跟踪式评价、自助图表式评价，以及幼儿园游戏评价需要注意的问题，为更好地进行幼儿游戏分析、评价与指导积累知识和经验。

学习支持

一、幼儿游戏评价方法

游戏评价对幼儿游戏活动的开展有重要作用，老师掌握有效的评价方法和策略，有利于提高幼儿的游戏质量，促进幼儿发展。老师平时观察中所获得的具有代表性的幼儿行为表现和各种作品等，是评价的重要依据。幼儿游戏评价不是单向度的，而是综合性的，是以观察为主的评价。为保证评价结果的客观性，最好以幼儿的日常表现为基础进行评价。老师应在平时的观察中积累，在真实的教育过程中评价，做到教中有评，评中有教，评教合一。

(一)反映式评价

反映式评价主要关注幼儿在游戏活动中的一些独特之处,是指老师对幼儿在游戏中的一些表现进行阐述,以分享幼儿在活动过程中的闪光点。反映式评价可以及时发现幼儿在游戏过程中好的行为表现,并在集体中得到普遍肯定。

(二)问题式评价

问题式评价关注幼儿游戏过程中的各种问题,以问题的解决为目的,具体指由老师或幼儿提出需要解决的问题,然后大家共同思考讨论,进而获得解决问题的方案或改进策略。

(三)作品欣赏分析式评价

主要应用在游戏结束阶段,聚焦作品特色的分享,具体指在游戏结束后,师幼共同欣赏、分析、学习不同作品(尤其是比较经典的或蕴含教育主题的作品)特色的一种评价方式。

(四)跟踪式评价

跟踪式评价往往需要进行一段时间的持续观察,重在刻画与呈现历程性变化,具体指对幼儿的某一游戏行为或游戏主题进行持续记录,以发现幼儿的学习变化情况。在这个过程中,不仅幼儿在不断学习和进步,老师也在不断反思和成长。

(五)自助图表式评价

自助图表式评价就是幼儿在游戏活动后借助老师事先设计的图表完成对自我的评价。自助图表式评价的主体由老师变为幼儿,一般适用于建构游戏结束阶段。老师可以为不同年龄阶段的幼儿设计相对简单、易操作的图表。

二、幼儿园游戏评价应注意的问题

1.评价主体要多元化

长期以来,游戏评价存在严重的管理主义倾向,评价被当作老师管理幼儿、园所管理老师和幼儿的一种手段。由此带来的不良后果是评价由老师、管理者、教育行政部门完成,家长、社区、孩子无权介入。单向度的评价很难做到客观、全面、公正,也不利于游戏的改进及孩子的发展。多元主体参与评价，才能得到客观的结果，反映幼儿的游戏水平，才有利于幼儿的成长。

对家长而言，应以发展的眼光看待孩子，掌握施教方法，有针对性地开展育儿活动，并从中体验到育儿的乐趣。对老师而言，家长的参与丰富了评估信息，有利于更全面地了解幼儿，为制订课程方案、创设教育环境、确立教育策略提供可靠依据。对幼儿而言，把自己在游戏中的所见所闻、情绪体验与同伴交流共享，不仅能增添游戏的乐趣，还可以帮助自己整理零散的游戏经验，修正错误经验并发现存在的问题，从而促进综合能力的发展。

2. 评价方法要多样化

评价多依赖于量化指标和纸笔测验，而忽视其他考查方式是以前的惯用做法。这种单一评价的结果常常失之偏颇，得出的结论是片面的甚至极端的，不能全面、真实反映幼儿的游戏水平。

不同的评价方法各有侧重和利弊。纸笔测验，考查的重点是记忆、理解、简单应用等，较少顾及综合、实践等较高层次目标。观察法偏于主观判断，难免影响评估结果。因此，在对幼儿游戏进行评价时，除了纸笔测验、观察法外，还可以采用墨迹测验法、访谈法、档案袋评价法等。

3. 评价内容要全方位

在幼儿游戏评价中，评价内容多侧重于幼儿的外在表现，而忽视情感、思维及心理等方面的发展；侧重于对游戏结果进行评价，而忽视对游戏过程的评价。这种顾此失彼的评价必然误导实践教学，导致幼儿片面发展。因此，应该进行游戏过程和结果的综合评价。

4. 评价功能应兼顾甄别与改进

评价具有检查、诊断、反馈、导向、激励等多重功能，评价功能失调不利于幼儿游戏活动的开展，会影响幼儿的发展。如果过分强调评价的甄别和选拔作用，过分强调排名比较，那么只有少数所谓的“优秀者”才能够体验成功的快乐，获得鼓励，多数人则成为评价的受害者。如果忽视评价的改进、激励和促进作用，忽视幼儿发展中存在的问题，评价就失去了其该有的积极作用。因此，对幼儿游戏进行评价时应尽量发挥评价的多种功能，兼顾甄别与改进。

5. 评价标准要客观

评价通常是以一定标准为参照进行的，标准成为衡量游戏对幼儿价值的依据。因此，评价标准的制定者要权威、程序要严谨、内容要科学，以保证标准的客观性、科学性、实用性、合理性。唯有如此，评价标准才能发挥检查、诊断、反馈、导向、激励等多重功能。

资料链接

幼儿园常用的游戏观察与评价量表

游戏观察与评价量表是观察与评价幼儿游戏行为的重要工具。世界上一些国家的心理学家和幼教工作者在长期实践中研制了一些具有权威性、科学性的量表。我国在对幼儿园教育工作进行质量评价时，对幼儿园开展的游戏活动进行质量评价时会用到多种量表。以下介绍评价中常用的几种量表。

一、《中国托幼机构教育质量评价量表（试用版）（第二稿）》①

以下是该量表中关于角色游戏和戏剧游戏的部分评价指标。

表 10-2　角色/戏剧游戏评价指标（部分）

维度	等级			
	不适宜 1	最低要求 3	良好 5	优秀 7
空间和材料	1.1 没有为幼儿提供角色/戏剧游戏的空间或者空间太小。材料太少，无法构成一个较完整的游戏主题，无法延展游戏	3.1 有一些可供幼儿开展游戏的空间。角色扮演的服饰和玩具至少可以构成 2 个受幼儿欢迎的主题	5.1 至少有 2 个明确划分的可供班级 1/4 以上幼儿玩的场所。角色扮演的服饰和玩具至少可以构成 3 个受幼儿欢迎的主题	7.1 至少有 2 个精心规划、空间充裕、主题和材料丰富的游戏区域。为幼儿提供戏剧表演所需的空间和材料；有反映多元文化的游戏材料，有教师或幼儿自制的角色游戏材料
管理和使用	1.2 角色/戏剧游戏区角和材料杂乱无章，幼儿没有机会自由选择和使用角色/戏剧游戏的空间和材料	3.2 角色/戏剧游戏的玩具材料分类储存。幼儿每周至少有 1 次机会可自由选择和使用角色/戏剧游戏的空间和材料	5.2 角色/戏剧游戏玩具材料的储存秩序良好。幼儿每周至少有 1 次机会（每次 30 分钟以上）可自由选择和使用角色/戏剧游戏的空间和材料	7.2 幼儿几乎每天都有较多的时间（累计 60 分钟以上）可自由选择和利用角色/戏剧游戏的空间和材料

① 董小红，山平. 学前游戏理论与指导[M]. 郑州：河南人民出版社，2020.

续表

维度	等级			
	不适宜1	最低要求3	良好5	优秀7
活动设计与关联性	1.3 所提供的角色/戏剧游戏活动不适合幼儿的年龄、心理等特点	3.3 所提供的角色/戏剧游戏基本符合幼儿的年龄、心理和文化特点	5.3 提供适宜的图书等材料,丰富和支持幼儿的角色/戏剧游戏。游戏材料依多种主题而变化。角色/戏剧游戏与近期开展的课程主题有关联	7.3 通过讲故事、参观或看录像等方式丰富幼儿的社会生活经验,提升幼儿角色/戏剧游戏水平。角色/戏剧游戏内容能够反映本土文化或多元文化,与近期开展的课程主题密切相关
活动的监护与指导	1.4 在幼儿进行角色/戏剧游戏过程中教师未进行任何监护和指导,或监护与指导的方式明显不当	3.4 教师注意监护角色/戏剧游戏区域,确保幼儿处于安全状态,及时处理幼儿间的争执和冲突,维护游戏活动的秩序	5.4 教师注意观察幼儿的角色/戏剧游戏情况,通过角色参与、启发式提问或建议、提供新的玩具材料等方式,对幼儿的角色/戏剧游戏给予支持与指导	7.4 教师刻意通过角色/戏剧游戏观察与研究幼儿,与幼儿有多次(3次以上)个别化的积极互动,通过多种适宜的方式为有需要的幼儿提供指导和帮助

二、游戏兴趣量表①

利伯曼设计的“游戏兴趣量表”影响比较大。在此量表中,诸如运动兴趣、灵活性、表达能力和想象力都被量化了。此量表共7题,每一题5分。

表10-3　游戏兴趣量表

1	A. 儿童在游戏中自发进行身体运动和活动的次数有多少 B. 在身体运动和活动中,他 / 她的运动协调能力怎样	5
2	A. 在游戏活动中,儿童显示出来的高兴次数有多少 B. 他 / 她以什么样的自由方式表达高兴	5
3	A. 游戏中儿童表现出的幽默感次数有多少 B. 幽默所表现出来的持续程度怎样	5
4	A. 儿童游戏时与周围群体相互作用中表现出来的灵活性次数有多少 B. 儿童活动时的自如程度如何	5

① 董小红,山平. 学前游戏理论与指导[M]. 郑州:河南人民出版社,2020.

续表

5	A. 在进行表演和戏剧性游戏时，儿童表现自发动作的次数有多少	5
	B. 在进行上述游戏时，儿童表现出来的想象程度如何	
6	儿童的聪明程度如何	5
7	儿童正在进行的游戏对其他儿童具有多大的吸引力	5

三、帕顿-皮亚杰量表①

早期游戏研究者大多从单一角度进行游戏评价，后来鲁滨等人将帕顿量表和皮亚杰量表结合起来，创设了认知水平和社会性水平两个维度的评价系统，形成了包括12种游戏行为的评价条目，并加入非游戏行为项目，形成了帕顿-皮亚杰量表。

表10-4 帕顿-皮亚杰量表

游戏的认知—社会内容：项目			
认知	社会		
	孤独的	平行的	集体的
基础游戏	孤独—基础游戏	平行—基础游戏	集体—基础游戏
结构游戏	孤独—结构游戏	平行—结构游戏	集体—结构游戏
角色游戏	孤独—角色游戏	平行—角色游戏	集体—角色游戏
规则游戏	孤独—规则游戏	平行—规则游戏	集体—规则游戏
两项非游戏行为：无所事事、旁观			

（一）帕顿-皮亚杰量表的操作定义

1. 认知水平定义

（1）基础游戏：重复肌肉运动，用玩具或不用玩具。例如跑和跳、伸和缩、操纵玩具或材料等。

（2）结构游戏：使用玩具（积木、积塑等小玩具）或材料（沙子、橡皮泥、颜料等）构造一样东西。

（3）角色游戏：角色扮演与假扮转换。

① 董小红，山平．学前游戏理论与指导[M]．郑州：河南人民出版社，2020.

角色扮演：假装当一个家长、婴孩、消防员、超人或妖怪等。假扮转换：假装开汽车（手臂运动），或用铅笔假装打针。使用小型汽车或小型熨斗等不能算角色游戏，除非这是在扮演角色和假扮转换动作中使用。

（4）规则游戏：承认、接受并遵奉确立的规则。例如棋类游戏、踢球等。

2. 社会性水平定义

（1）孤独游戏：孤单地玩，与周围的孩子使用不同的材料。虽然同伴处于可说话的距离，但无谈话。

（2）平行游戏：参加周围其他孩子类似的活动，或玩与他人差不多的玩具，但没有与其他孩子一起玩的倾向。

（3）集体游戏：跟其他孩子一起玩；角色被分配或未被分配。

3. 非游戏行为定义

无所事事行为和旁观行为；不断变换游戏活动的行为。

4. 非游戏活动定义

事先由老师或自己选定的任务或学习活动，如涂色、教育性玩具使用等。

（二）帕顿–皮亚杰量表的观察记录表

表 10–5　帕顿–皮亚杰量表的观察记录表

姓名________　　　　　　　　　观察日期________

<table>
<tr><td colspan="2" rowspan="2"></td><td colspan="4">认知</td></tr>
<tr><td>基础游戏</td><td>结构游戏</td><td>角色游戏</td><td>规则游戏</td></tr>
<tr><td rowspan="3">社会性</td><td>孤独的</td><td></td><td></td><td></td><td></td></tr>
<tr><td>平行的</td><td></td><td></td><td></td><td></td></tr>
<tr><td>集体的</td><td></td><td></td><td></td><td></td></tr>
<tr><td rowspan="3">非游戏</td><td colspan="3">行为</td><td colspan="2">活动</td></tr>
<tr><td>无所事事</td><td>旁观</td><td>频繁换场地</td><td colspan="2" rowspan="2"></td></tr>
<tr><td></td><td></td><td></td></tr>
</table>

（三）帕顿–皮亚杰量表的使用注意事项

1. 在运用量表之前必须熟悉各项操作定义，以便准确无误地进行观察。

2. 在观察中，应该坚持每个孩子一张表格。

3. 本量表适合多次扫描取样法观察。观察者按顺序将观察对象的表格排列好，每次观察一个孩子15秒钟，按顺序换人。前后间隔5秒作为调整时间。在全部观察完一遍后，重新开始一轮各15秒钟的观察。在对每一个幼儿进行了20—30次的观察后，对所收集到的资料进行简单统计，分析幼儿表现出来的水平是否与其年龄应有的发展水平相吻合。

四、豪威斯的同伴游戏量表①

1980年，豪威斯发表了考查儿童社会性游戏行为的同伴游戏量表。量表主要从两个维度五个层次考查儿童游戏水平。两个维度分别为观察儿童游戏中社会性交往的复杂性，观察儿童游戏活动的组织和综合程度。五个层次分别为，简单平行游戏、具有成熟意识的平行游戏、简单社会性游戏、具有成熟意识的互补/互惠游戏、互补互惠的社会性游戏。同时，豪威斯的同伴游戏量表的观察记录表中还吸收了帕顿的“孤独（独自）游戏”和“非游戏活动和行为”条目，并增加了“老师参与”和“游戏地点或使用材料”各一项。

（一）豪威斯的同伴游戏量表操作定义

1. 水平1——简单平行游戏：儿童在相互交往范围内参加了相近的游戏活动，但没有出现目光交接或任何社会性行为。

2. 水平2——具有成熟意识的平行游戏：孩子参与相近的游戏，并有目光接触。该阶段幼儿未出现社会性交往行为，经常相互模仿。

3. 水平3——简单社会性游戏：儿童之间出现直接社会性行为，包括发出声音、给人玩具、微笑、触碰、攻击性行为等典型行为。这个阶段，儿童虽然有相互评论但并未进行合作。

4. 水平4——具有成熟意识的互补/互惠游戏：儿童在游戏活动中有与同伴合作的简单行为，能意识到各自的角色。这个阶段儿童之间虽然有动作的交往，但无对话和其他社会性交流，比如一个孩子玩积木时将一块积木给一个伙伴，那个孩子接受并还给他一块。

5. 水平5——互补互惠的社会性游戏：儿童之间有合作、分工以及实质性交流。

① 董小红，山平. 学前游戏理论与指导[M]. 郑州：河南人民出版社，2020.

比如几个孩子一起计划、分工，用积木搭建一座大桥。

（二）豪威斯的同伴游戏量表的观察记录表

表 10-6　豪威斯的同伴游戏量表的观察记录表

姓名________　　　　　　　　　　　　　观察日期________

次数	种类									
	独自游戏	水平 1	水平 2	水平 3	水平 4	水平 5	非游戏活动	非游戏行为	老师参与	地点或使用材料
1										
2										
3										

（三）豪威斯的同伴游戏量表使用建议

每名儿童使用一张表，15 秒观察一个人，前后间隔 5 秒作为调整时间。在全部观察完一遍后，重新开始一轮各 15 秒的观察。程序类似帕顿–皮亚杰量表。

五、斯米兰斯基角色游戏评估量表①

此量表是由斯米兰斯基创立的，作为游戏训练组成部分的量表，侧重评价高质量角色游戏具备的五个特点：角色扮演、假扮转换、社会交往、口头交流、坚持性。

（一）斯米兰斯基角色游戏评估量表操作定义

1. 角色扮演：儿童假装扮演角色并用语言确定、表达、串联这些角色，出现相应的角色行为。

2. 假扮转换：用一些物品、动作、语言假装代表某些物品、动作、情景等。

3. 社会交往：两个或两个以上儿童直接交流游戏的材料、情节、角色和动作等。

① 董小红，山平．学前游戏理论与指导[M]．郑州：河南人民出版社，2020.

4. 口头交流：与游戏有关的口语交流。一种是用于结构和组织游戏的蜕变交流用语，包括设想物体的假扮转换语言、分配角色语言、计划故事线索语言、斥责不称职的角色扮演者语言四种类型；另一种是契合儿童扮演角色身份的角色交流语，比如医生对病人说："你的肚子很疼，必须安静地躺着。"

5. 坚持性：儿童沉浸于持续的游戏之中。斯米兰斯基等人的研究发现，4岁前儿童最低限度坚持性为5分钟，4—6岁至少要坚持10分钟。

（二）斯米兰斯基角色游戏评估量表的观察记录表

表10-7 斯米兰斯基角色游戏评估量表的观察记录表

姓名	角色扮演	假扮转换			社会交往	口头交流		坚持性
		物体	行动	情景		蜕变交流	角色交流	

（三）斯米兰斯基角色游戏评估量表使用建议

1. 为判断儿童在角色游戏中的各种能力，每次对一个孩子的观察时间至少为10分钟，记录在此时间内观察对象是否出现上述五个方面的游戏行为。

2. 为确保观察结果的准确性，需要多次反复观察。

3. 该表一般需要与帕顿－皮亚杰量表、豪威斯同伴游戏量表联合使用，以全面细致地了解儿童游戏发展水平。

项目评价

主题	内容	优秀	良好	一般	较差	很差
学习态度	能准时参加课程学习，按时提交作业，及时查阅老师上传的学习材料	5	4	3	2	1
专业知识	掌握幼儿游戏评价的概念、要点及方法	5	4	3	2	1

续表

主题	内容	优秀	良好	一般	较差	很差
团队协作	积极参与讨论,对其他人的发言能提出合理见解。能很好地融入课堂小组讨论,完成小组任务,共同推进学习进程	5	4	3	2	1
沟通交流	能够清晰准确地表达自己的观点,与他人交流时态度、语气恰当	5	4	3	2	1
实践应用	能结合相关文件精神和理论,客观简明地阐述老师在游戏活动中的支持与回应行为,准确分析可能继续生成的游戏生长点和教育契机	5	4	3	2	1
自我小结						

项目小结

幼儿游戏评价是指以进行中的幼儿游戏为对象,对其做出价值上的判断。评价游戏的作用、幼儿游戏发展水平、老师的指导行为、游戏环境的创设及材料的投放等,对促进幼儿的发展、老师专业水平和能力的提高、幼儿园高质量发展均有重要意义和作用。为确保评价结果客观、真实、科学,幼儿游戏评价应综合运用反映式、问题式、作品欣赏分析式、跟踪式、自助图表式等评价方法。

直通赛证

一、选择题

1.在玩棋类游戏时,下列幼儿的哪种行为表现最能反映玩具的可玩性?(　　)

A.运用丰富的认知策略　　B.玩棋兴趣持续较长时间

C.有丰富的肢体表现　　D.玩棋不易引发挫折感

2.评估幼儿发展水平的目的是(　　)。

A.筛选、排队　　B.老师反思性成长

C.提高保教质量　　D.了解幼儿的发展需要

二、简答题

1. 简述角色游戏中老师的观察要点及其目的。

2. 简述幼儿户外运动游戏中老师的观察要点。

三、案例分析题

扫码观看并分析视频，按照要求完成以下任务。

1. 设计并完成幼儿游戏观察记录表。

2. 根据视频，回答以下问题：

(1)对师幼互动中幼儿的认知、情感、意志等进行分析。

(2)对幼儿的个性、社会性发展以及学习心理等特点进行分析。

(3)根据《3—6岁儿童学习与发展指南》《幼儿园教育指导纲要(试行)》，对老师的保教言行进行评价。

(4)对教育活动中存在的问题提出建议。

实践实训

以小组为单位，到幼儿园任选幼儿的游戏行为、老师的游戏指导行为、游戏环境创设中的一项进行观察、记录，结合《幼儿园保育教育质量评估指南》进行评价和分析。

推荐阅读

[1]董旭花，韩冰川，刘霞，等. 幼儿园自主游戏观察与记录——从游戏故事中发现儿童[M]. 北京：中国轻工业出版社，2015.

[2]卢筱红. 幼儿游戏行为观察与研讨[M]. 北京：北京师范大学出版社，2020.

参考文献

[1]韩雪梅.幼儿园游戏[M].2版.哈尔滨:哈尔滨工业大学出版社,2020.

[2]赵春梅.幼儿园室内区角活动场地设计[M].天津:天津教育出版社,2019.

[3]莫云娟,任捷.幼儿园游戏活动指导[M].长沙:湖南师范大学出版社, 2021.

[4]翟理红.学前儿童游戏教程[M].3版.上海:复旦大学出版社,2019.

[5]柳阳辉.新编学前儿童游戏[M].上海:复旦大学出版社,2017.

[6]白燕梅,刘丽丹,焦娇.幼儿游戏设计与指导[M].北京:北京理工大学出版社,2019.

[7]张凤敏.幼儿园游戏区规划与指导[M].上海:华东师范大学出版社,2016.

[8]梁周全,尚玉芳.幼儿园游戏与指导[M].北京:北京师范大学出版社,2011.

[9]曹中平,韦丹,蔡铭烨.幼儿园游戏指导[M].北京:北京理工大学出版社, 2018.

参考答案

项目一

一、选择题

1.A

【解析】本题考查考生对幼儿游戏理论的理解和掌握情况。格鲁斯从“本能论”的观点出发，提出幼儿游戏是对未来生活的一种无意识准备，是为成熟进行“生活预备”和“练习”，是对未来生活的预演。因此“游戏是为未来生活做准备”属于预备说，故正确答案为A。

A项：生活预备说认为，游戏是为未来生活做准备，并且幼儿通过游戏过程进行生活预演。故正确。

B项：剩余精力说的代表人物是席勒和斯宾塞。该理论认为，机体内过剩的精力就必须寻找方法消耗出去，而游戏是剩余精力得以释放的最好形式。故排除。

C项：复演说的代表人物是霍尔。该理论认为游戏是远古时代的人类祖先的生活特征在幼儿身上的复演。故排除。

D项：松弛说的代表人物是拉察鲁斯。该理论认为游戏不是消耗精力，而是放松心情、恢复精力的一种方式，游戏和娱乐活动可以使机体解除紧张状态。故排除。

2.D

【解析】本题主要考查考生对游戏分类这一知识点的掌握。机能性游戏是指幼儿反复做某个动作或进行某项活动以示快乐和满足。这类游戏能够自然地锻炼感觉运动器官，有效地发展身心机能。幼儿反复敲打桌子、在房间里跑来跑去、在椅子上摇来摇去都体现了幼儿反复做某个动作以获得满足这一特性。故正确答案为D。

A项：结构游戏是幼儿利用积木、积塑、泥、沙等材料进行建构的游戏，又称为结构游戏。故排除。

B项：象征性游戏是指幼儿通过模仿、想象，创造性地反映周围现实生活的一种游戏,又称为角色游戏。故排除。

C项:规则游戏是指通过一定的规则和规定来进行的游戏,主要包括体育游戏、智力游戏和音乐游戏等。故排除。

D项:机能性游戏是幼儿反复做某个动作或进行某项活动以示快乐和满足的游戏。故正确。

3.A

【解析】本题考查考生对幼儿游戏发展过程的掌握。游戏是幼儿的基本活动形式,练习性游戏是游戏发展的最初形式,也称为机能游戏或感觉运动游戏,或重复操作物件的游戏或徒手游戏,这些游戏对应于幼儿的感知运动发展阶段。这一阶段,幼儿为了获得某种愉快体验而单纯重复某种活动或动作,并通过感知和动作来认识环境并与人交往。故A选项正确。

A项:练习性游戏,也称为机能游戏或感觉运动游戏,或重复操作物件的游戏或徒手游戏。故正确。

B项:规则游戏是成人在幼儿自发游戏的基础上,为一定的教育目的而编制的,大都由老师组织进行,有时也可以由幼儿自行组织。包括体育游戏、智力游戏、音乐游戏等。与题干不符,故排除。

C项:结构游戏是指幼儿利用积木、积塑、泥、沙等材料进行建构的活动。与题干不符,故排除。

D项:角色游戏是以模仿和想象为主导,幼儿通过扮演角色,创造性地反映周围现实生活的一种游戏,又称想象性游戏。与题干不符,故排除。

4.A

【解析】本题考查幼儿游戏的类型及特点。美国心理学家帕顿从幼儿社会性行为发展的角度将游戏分为六种:(1)偶然行为。(2)旁观。(3)独自游戏。(4)平行游戏:幼儿各玩各的,所用的玩具和游戏方式相近,各自的游戏内容没有联系。有时幼儿会相互模仿,但无意支配别人的活动。这类游戏多出现在3岁左右孩子中。(5)联合游戏。(6)合作游戏。

小班幼儿的游戏方式以平行游戏居多,体现了小班幼儿喜欢模仿的特点。题干中,小班的同一个“娃娃家”游戏中,多个幼儿扮演“妈妈”的角色,幼儿使用了相同或相近的材料,并在角色扮演上互相模仿。故A项正确。

B、C、D三项均为干扰项,与题干不符,故排除。

5.D

【解析】本题考查考生对自发性游戏的理解。依据游戏的教育目的不同,可以将幼儿游戏分成自发性游戏和教学游戏。自发性游戏是幼儿自己发起的、自愿参加的、自主支配的游戏。它一方面反映了幼儿的认知特点和社会性等方面的发展水平,另一方面也反映了幼儿的兴趣爱好。幼儿的自发性游戏对于培养幼儿的创造性是有积极价值的。故D项正确。

A项:依据游戏的教育目的性成分不同,可以将幼儿游戏分成自发性游戏和教学游戏。A项表述错误,故排除。

B项:幼儿进行自发性游戏是幼儿的权利,应被尊重。当然幼儿的自发性游戏有时也需要成人加以适当引导,使游戏的主题和内容更加健康、有趣、积极。B项表述错误,故排除。

C项:在学前教育机构中,游戏被作为一种教育手段和教育组织形式而存在。教学游戏就是根据幼儿园教育大纲和课程的要求,有目的、有计划地进行设计和开展的游戏。无论是教学游戏还是自发性游戏,对幼儿的发展都有不同的积极作用。C项表述错误,故排除。

二、简答题

【解析】(1)游戏在幼儿身体发展中的作用:①促进幼儿身体的生长发育;②发展幼儿的基本动作和技能。

(2)游戏在幼儿智力发展中的作用:①帮助幼儿了解和认识周围的事物,增长幼儿的知识;②发展幼儿的语言能力、想象力、创造力;③提供轻松愉快的环境氛围,愉悦幼儿的身心。

(3)游戏在幼儿社会性发展中的作用:①游戏提供了幼儿社会交往的机会,帮助幼儿发展社会交往能力;②有助于幼儿克服自我中心化,学会理解他人;③有助于幼儿认识社会角色,增强社会角色扮演能力,理解社会角色职能;④有助于幼儿掌握行为规范,形成良好的道德品质;⑤有助于幼儿自制力的增强,锻炼幼儿意志品质。

(4)游戏在幼儿情感发展中的作用:①游戏中的角色扮演丰富了幼儿的情绪情感体验;②自由自主的游戏行为,能帮助幼儿增强成就感和自信心;③游戏中的审美活动发展了幼儿的美感;④游戏中的情绪宣泄,有助于幼儿消除消极情绪。

三、论述题

【解析】幼儿园集体教学活动是指老师有目的、有计划、有组织地面向幼儿集体开展的教育教学活动。幼儿园游戏活动是一种幼儿主动、自愿参加的,具有假想性、愉悦性、益智性、社会性等特点的活动。

(1)区别:

①活动的发生情况不同。教学活动带有一定的强制性,老师预设好了活动的目标、内容及方法,幼儿要按老师的要求进行活动。游戏活动是由幼儿内在动机引起的自主、自愿活动。

②活动的主要目标不同。教学活动通常以发展智力、获得经验为主要目标。游戏活动的目标不是很明确,注重发展幼儿的个性和社会性,幼儿凭自己的兴趣和能力进行游戏。

③老师对两者的指导方式不同。教学活动是在老师直接指导下开展的,幼儿是学习的主体,老师是活动的组织者、引导者。游戏活动是幼儿自发组织的,幼儿是游戏的主人,老师只进行间接指导,扮演着活动的观察者或参与者的角色。

④活动的组织形式不同。教学活动是老师有目的、有计划地面向幼儿集体在同一时间所进行的活动。游戏活动的组织形式相对多样化,可以由幼儿集体组织,也可以由小组组织,或者由个别幼儿单独进行活动。

(2)联系:

①从作用和意义上来看,二者都是为了促进幼儿的身心和谐发展,促进幼儿德智体美劳全面发展,促进幼儿的认知、情感、社会性等方面的发展。

②从两者之间的相互渗透来看,幼儿在活动中可以无意识地学到新的知识、技能,在玩的过程中懂得道理、愉悦身心。

四、材料分析题

【解析】(1)帕顿按照幼儿在游戏过程中表现出来的高低不同的参与水平,将游戏归纳为无所事事、旁观、独自游戏、平行游戏、联合游戏、合作游戏。其中2—4岁幼儿以进行独自游戏、平行游戏、联合游戏最为突出。2岁幼儿和4岁幼儿的游戏特点如下:

①根据图示可以看出,2岁幼儿以进行平行游戏为主,独自游戏、联合游戏次之。原因是2岁左右的幼儿社交能力弱、模仿能力比较强,在平行游戏中幼儿会相互模仿,但无意支配别人的活动。

②根据图示可以看出,平行游戏行为更为成熟,但是随着社会性和交往能力的发展,4岁幼儿的联合游戏活动和合作游戏活动更多,较2岁时有大幅提升。4岁幼儿会

和同伴一起做游戏,会有交流互动的行为,逐渐学会分工和合作。

(2)对指导游戏活动的启示:

对指导2岁幼儿游戏的启示:

①可根据幼儿的生活经验为其提供种类少、数量多且形状相似的成型玩具,避免幼儿为争抢玩具而发生纠纷,满足其平行游戏的需要。

②在游戏过程中,老师可以以平行游戏法指导游戏活动,也可以以角色身份加入游戏,在参与游戏的过程中达到指导的目的。

对指导4岁幼儿游戏的启示:

①为幼儿提供丰富多样的游戏材料,满足幼儿的游戏需求。鼓励幼儿玩多种主题或共同玩相同主题的游戏。

②引导幼儿学习交往技能及游戏规则,促进幼儿与同伴交往,使幼儿学会在游戏中解决简单问题。

③注意观察幼儿在游过程中发生纠纷的原因,并进行思想引导。

项目二

一、选择题

1.B

【解析】本题考查考生对幼儿园环境创设的掌握。幼儿园环境是指幼儿园内必须具备的促进幼儿身心发展的一切物质条件和精神条件的总和。按构成内容的性质差异,幼儿园环境分为物质环境和精神环境两大类。物质环境是指幼儿园内对幼儿发展有影响的各种物质要素的总和,包括园舍建筑、园内设施、场所布置等。精神环境主要包括教师的教育观念与行为、幼儿园文化氛围等。故B项正确。

2.A

【解析】本题考查幼儿教师的专业能力。专业能力是教师运用专业知识解决实际问题的方式方法,是教师教育智慧和教育实践能力的综合表现。《幼儿园教师专业标准(试行)》提出,幼儿教师必须具备环境创设与利用、一日生活组织与保育、游戏支持与引导、教育活动计划与实施、对幼儿激励与评价以及与人沟通合作、进行专业反思与发展等基本专业能力。幼儿教师的环境创设能力应包括三个方面:

(1)为幼儿创设良好的人际关系环境,主要是建立良好的师幼关系与幼儿同伴关系,让幼儿感到温暖和愉悦;(2)在园内与班级建立良好的秩序,制订科学合理的规则，营造良好的氛围，让幼儿感受到安全、舒适；(3)创设有助于促进幼儿成长、学习、游戏的教育环境，充分和合理利用各种资源，为幼儿提供和制作适合的玩教具和学习材料，组织和支持幼儿的主动活动。题干中，郑老师收集矿泉水瓶等并改造为教学材料，其行为具有环境创设的性质。故A项正确。

3.C

【解析】本题考查考生对幼儿注意力集中时间的掌握。注意力是心理活动对一定对象的指向与集中，幼儿注意力的稳定性比较差，但不同年龄阶段，稳定性有一定的差异，一般而言，随着年龄的增长稳定性也不断增强。3岁幼儿能够集中注意力的时间为3—5分钟，4岁幼儿能够集中注意力的时间为10分钟左右，5—6岁幼儿可集中注意力的时间为15分钟左右。故C项正确。

4.C

【解析】本题考查考生对幼儿园区角环境创设的掌握。在积木区，幼儿主要是通过对材料的操作开展结构游戏活动，教师投放一些人偶、小动物布艺玩具、交通工具模型等辅助材料，有利于幼儿发挥想象力进行创作，丰富幼儿的结构游戏。故C项正确。

5.D

【解析】本题考查幼儿园环境创设的一般原则。幼儿园环境创设要遵循教育性原则和发展适宜性原则。幼儿园环境创设采用易于识别的标识图，能更容易被幼儿理解，引起幼儿的兴趣，这体现了发展适宜性原则。同时，采用这种生动形象的标识图，最终目的是培养幼儿的生活技能和行为准则。故D项正确。

二、材料分析题

1.【解析】(1)材料中李老师的行为不合适，理由如下：

①游戏是幼儿自主自愿的活动，是非强制性的，被迫的游戏就不再是游戏了。在幼儿积极参与的游戏中，他们可以自由选择游戏的内容、玩法、材料及同伴等，体验欢乐。材料中，幼儿在材料柜里找出游戏道具，玩得不亦乐乎，而老师却阻止了这次游戏，打击了幼儿的热情和兴致，故其行为不合适。

②游戏是在假想中反映现实生活，幼儿可以不受实际环境的限制，通过想象创造情境。材料中，幼儿把吹风机模型当“手枪”、仿真灯箱当“大炮”，符合幼儿游戏的特征，但李老师认为这些道具不能在该游戏中使用，该想法不符合游戏的特点，故其行为不合适。

③教学中,老师应在观察的基础上指导幼儿游戏,如在游戏进行不下去的时候介入,在游戏秩序受到威胁的时候介入。材料中,小朋友们做游戏的兴趣很浓、兴致很高,并没有出现游戏秩序混乱等情况,李老师的介入不合时宜,故其行为不合适。

(2)如果我是教学老师,我会这样做:

①满足幼儿进行环境创设的物质需求。在创设游戏环境时,老师投放的游戏材料应丰富、多样,且不受现实生活习惯的限制。当幼儿对“打仗”游戏产生兴趣时,应积极提供物质材料。

②共同探索游戏的奥秘,和幼儿一起做游戏。当幼儿碰到困难求助老师时,老师不能直接给出答案,也不能干脆拒绝,而要介入游戏与幼儿共同探索,用同伴的口吻与幼儿讨论。

③满足幼儿尽情游戏的心理需求。老师要从物质、精神环境方面提供支持,满足幼儿充分游戏的心理需要,让幼儿充分表现,尽情体验,心满意足地结束游戏。

④关心幼儿的游戏意愿。老师要善于“察言观色”,从幼儿的语言、表情、动作等方面揣摩幼儿的游戏心态,为他们顺利开展游戏铺平道路。

⑤关注游戏的进程,适时退出幼儿游戏。老师应随着游戏的发展不断地给予幼儿支持,站在幼儿的立场上思考游戏的进程,及时向幼儿提出合理化建议,以引导游戏活动进一步展开。当不需要老师参加时,老师应该及时退出。

2.【解析】(1)游戏中小牛和小雷都是在学习,小牛是通过“直接感知、实际操作和亲身体验”学习,小雷是通过“观察”学习,是一种间接学习方式。

(2)①《3—6岁儿童学习与发展指南》中指出:“幼儿的学习是以直接经验为基础,在游戏和日常生活中进行的。要珍视游戏和生活的独特价值,创设丰富的教育环境,合理安排一日生活,最大限度地支持和满足幼儿通过直接感知、实际操作和亲身体验获取经验的需要,严禁‘拔苗助长’式的超前教育和强化训练。”案例中,老师制作了“玩具灶”,提供了不同的材料,让幼儿猜测并验证哪些物品能飞起来,小牛正是在老师精心布置的环境中通过“直接感知、实际操作和亲身体验”学习的,在这个过程中,不仅获得了丰富的感性经验,充分发展了形象思维,还启发了逻辑思维能力,为认识事物奠定了基础。

②班杜拉的社会认知理论中替代性学习也称观察学习,是指学习者通过观察他人(榜样)所表现的行为及其后果而进行的学习。他认为观察学习(替代性学习)是人学习的最重要形式,包括注意、保持、再现和动机四个子过程。案例中,小雷旁观并对

小牛的实验过程和结果表现出惊讶,正是"观察学习"的表现。

③游戏中的学习具有三个特点:学习目标是隐含的;学习方式是潜移默化的;学习动力来自幼儿自己。材料中小牛和小雷都在潜移默化中增长了见识。

项目三

一、选择题

1.C

【解析】本题考查考生对各类游戏概念的掌握。角色游戏是指幼儿通过模仿和想象扮演角色,反映周围现实生活的游戏活动。娃娃家、医院、理发店等主题游戏都属于角色游戏。故C项正确。

A项:结构游戏是指幼儿利用积木、积塑、泥、沙等结构材料进行构造的活动。与题干要求不符,故排除。

B项:表演游戏是指幼儿根据故事的内容,运用动作、表情、语言、角色等进行创造性表演的游戏。与题干要求不符,故排除。

D项:智力游戏是指以生动、新颖、有趣的游戏形式,使幼儿在轻松愉快的活动中增进知识、发展智力的游戏,如拼图游戏、棋类游戏等。与题干不符,故排除。

2.D

【解析】本题考查幼儿游戏的类型及特点。题干中,一名幼儿当小医生,其他幼儿也当小医生,都给老师打针,他们都在做同样的游戏,这是平行游戏的表现。平行游戏的特点包括:幼儿各玩各的,所用的玩具和游戏方式相近,各自的游戏内容没有联系,不与同伴一起玩;有时幼儿会相互模仿,但无意支配别人的活动。故D项正确。

A项:老师在介入幼儿游戏的时候应注意,无论采用何种干预方式,一旦幼儿开始表现出老师所期望的游戏行为,老师就应转而扮演无指导性的共同游戏者,或完全从游戏中退出,以便让幼儿重新控制游戏,从而培养幼儿的独立性和自信心。与题干不符,故排除。

B项:合作游戏的特点是游戏中有明确的分工、合作及规则,有一到两个游戏的领导者,大家为了共同的目标分工协作,主要出现在4岁或更大一些的幼儿中。与题干不符,故排除。

C项:幼儿在进行角色游戏时,给自己的定位是医生,符合游戏的角色定位,没有出现混乱。与题干不符,故排除。

3.B

【解析】本题考查《3—6岁儿童学习与发展指南》中规定的“社会”之“人际交往”培养目标。协商处理玩伴关系是幼儿处理同伴关系的体现，处理同伴关系属于社会交往的一种。《3—6岁儿童学习与发展指南》的“社会”之“人际交往”中“能与同伴友好相处”目标明确指出：5—6岁幼儿与同伴发生冲突时能自己协商解决。故B项正确。

A项：《3—6岁儿童学习与发展指南》“健康”之“情绪安定愉快”目标有：4—5岁幼儿愿意把自己的情绪告诉亲近的人，一起分享快乐或求得安慰。与题干不符，故排除。

C项：《3—6岁儿童学习与发展指南》中“社会适应”之“遵守基本的行为规范”目标中建议帮助幼儿了解基本行为规则或其他游戏规则，体会规则的重要性，学习自觉遵守规则。与题干不符，故排除。

D项：《3—6岁儿童学习与发展指南》指出，幼儿的科学学习是指在探究具体事物和解决实际问题中，尝试发现事物间的异同和联系的过程。幼儿在对自然事物的探究和运用数学知识解决实际生活问题的过程中，不仅获得丰富的感性经验，充分发展形象思维，而且初步尝试归类、排序、判断、推理，逐步发展逻辑思维能力，为其他领域的深入学习奠定基础。与题干不符，故排除。

4.D

【解析】本题考查学生对角色游戏的理解。角色游戏是借助真实或假想的游戏材料，进行角色扮演。D选项是运用积木等材料进行搭建的建构游戏，不是角色游戏。

5.C

【解析】本题考查维果斯基的“最近发展区”理论。维果斯基认为，幼儿有两种发展水平：一种是幼儿的现有水平，即由一定的已经完成的发展系统所形成的幼儿心理机能的发展水平；另一种是即将达到的发展水平。这两种水平之间的差异就是最近发展区。题干中，俊俊只是加入另两个幼儿的游戏中，但他们之间并没有明确分工也没有共同目标，所以他们的现有水平处于联合游戏阶段。而合作游戏需要幼儿之间有共同的目标，在游戏中相互合作并努力达到目的。显然俊俊并没有达到这一水平，但“在4—5名幼儿的角色游戏中进行合作性互动”属于俊俊的最近发展区。C项正确。

A项：题干中俊俊通过主动询问的方式加入游戏中，说明其已经达到“能够找到一个自己喜欢的玩伴”的水平。与题干不符，排除。

B项：题干中俊俊加入游戏小组时先被拒绝，但是他并没有放弃，而是提出自己的想法和自己能做的事，试图再次加入游戏，说明其已经达到“开始使用一定的策略成功加入游戏小组”的水平。与题干不符，排除。

D项：题干中俊俊提出的意见“我来当爸爸炒点儿菜吧”正是从角色的角度出发，在使用角色语言探讨角色行为，说明其已经达到“能够在角色游戏中讨论扮演的角色行为”的水平。与题干不符，排除。

二、简答题

【解析】本题考查的知识点为观察幼儿角色游戏的要点和目的。

角色游戏是幼儿期最典型、最有特色的一种游戏。老师观察角色游戏主要包括对幼儿的观察和对所创设的游戏环境的观察。首先，老师应将观察的重点放在幼儿身上，要观察游戏中幼儿的各种行为表现和发展水平。其次，老师应观察空间、时间以及游戏材料等游戏环境对游戏的影响，如游戏场地的创设、游戏时间的长短、游戏材料的投放等对游戏的影响。

观察要点主要包括：游戏主题是否积极、健康；游戏环境是否安全、卫生、舒适，便于交往活动；游戏内容是一般经验还是社会热点；游戏需求是想些什么、需要什么、做些什么、兴趣点与困难又是什么；游戏材料是否体现教育功能，游戏中如何反映人与物的交互作用；游戏行为表现是否积极。

观察目的主要包括：观察是幼儿老师的必备素质，对幼儿游戏行为观察是实施有效指导的前提条件。幼儿在游戏中有最真实、自然的表现，游戏是老师了解幼儿最重要的途径之一，通过游戏，老师可以了解幼儿的兴趣、需要、认知水平、个性特点、能力差异等，从而及时拓展幼儿的生活经验，为后期准确地设计游戏奠定基础，为游戏活动提供充分的条件，为实施有效指导提供依据。

三、材料分析题

1.【解析】游戏是幼儿最喜爱的活动，游戏对幼儿的身体、智力、情感、社会性的发展都具有重要作用。幼儿在游戏中进行自主活动，发挥想象力与创造力，感受快乐。

案例中，老师对幼儿游戏进行干预是不恰当的。洋洋用小椅子代替自行车，和小伙伴进行“抽奖”游戏，说明幼儿已经能够进行以物代物的想象，这既反映了幼儿象征性思维的发展，也反映出幼儿游戏的想象特征。教师是以合作伙伴的身份介入游戏，但对洋洋的想象性替代物提出了质疑，以“小椅子不像自行车”中断了幼儿的游戏活动，结果阻碍了幼儿的游戏想象。因此，老师的这种干预是不恰当的。

2.【解析】本题考查老师支持与指导幼儿角色游戏的知识点。

(1)本次大二班的游戏主题设计是比较好的,但是指定价目表是不合理的。

角色游戏是幼儿通过扮演角色、运用想象、创造性地反映生活经验的一种游戏。角色游戏是幼儿期最典型、最有特色的一种游戏,属于创造性游戏。

幼儿角色游戏的特点有:创造性、过程性和变化性。大班是角色游戏开展的高水平阶段,游戏的特点是主题新颖、内容丰富,能主动反映多种生活经验和较为复杂的人际关系。大班幼儿喜欢与同伴一起游戏,能按自己的意愿选择性地进行游戏,在游戏中有较强的解决问题的能力。材料中老师创设的理发美容店主题游戏符合大班幼儿的年龄特点,但是老师制定了价目表,这限制了幼儿的想象以及对生活经验的反映,所以是不合理的。

(2)建议:

①老师应根据幼儿游戏发展水平及特点,引导幼儿结合自己的经验讨论、商定理发美容店内的服务内容及价目,培养幼儿自己解决问题的能力。

②老师应引导幼儿一起准备游戏材料和场地,多用语言指导游戏,在游戏中培养幼儿的独立性;观察幼儿游戏行为和游戏水平,给幼儿提供学习机会和必要帮助;允许并鼓励幼儿在游戏中的创造性行为;游戏结束后通过讲评让幼儿相互学习,拓展思路,不断提高角色游戏水平。

3.【解析】(1)材料中大二班王老师的做法更为恰当,理由如下:

大班幼儿喜欢与同伴一起游戏,能按照自己的意愿主动选择游戏主题并有计划地进行游戏。材料中,大一班的李老师虽然用心准备了游戏材料,但是没有考虑到幼儿的自主性,限制了幼儿想象力和创造力的发展,因此是不恰当的。大二班的王老师没有直接投放材料,而是与幼儿商量,支持幼儿主动寻找材料,符合大班幼儿的发展特点,因此王老师的做法是恰当的。

(2)李老师的做法忽视了大班幼儿的年龄、认知特征,不利于幼儿的成长和进步。

首先,游戏的本质属性是自主性,老师应当允许幼儿在活动区中主动、自由地活动,让幼儿成为游戏的主人。材料中,李老师的做法不符合幼儿开展角色游戏活动的自主性要求。

其次,角色游戏带有假想性,是虚拟和现实的统一,具体表现为以人代人、以物代物等。李老师所提供的各种逼真的食材不利于发展幼儿的创造力和想象力。

最后,大班幼儿的游戏水平处于合作游戏阶段,他们可以通过合作的方式,分配角色,共同为游戏的开展做好前期准备。材料中,李老师虽然加班加点地为游戏做准备,表面上付出了很多劳动,但从效果上来看,不利于幼儿独立性和社会交往能力的发展。总之,李老师的做法不值得我们学习。

王老师的做法值得提倡。首先,大班幼儿游戏经验丰富,能够自主地、有计划地开展游戏。材料中,王老师没有直接投放材料,而是与幼儿商量,让他自己准备材料,让幼儿成为游戏的主人,培养幼儿的自主性和独立性。

其次,王老师扮演了一个观察者的角色,为幼儿创造必要的条件和机会,通过语言指导的方式支持幼儿,为游戏活动的顺利开展进行适当的引导。

再次,王老师的做法有利于激发幼儿的兴趣,促进幼儿想象力和创造力的发展。王老师让幼儿自己寻找游戏材料,能够让幼儿大胆地结合生活经验进行探索。

最后,王老师的做法体现了活动区材料投放的启发性、探索性、可操作性的要求。材料中,幼儿自己动手找来的树叶等材料,既来源于生活,又属于低结构材料,可以激发幼儿的想象力。总之,王老师的做法是值得我们学习的。

4.【解析】(1)豆豆出现前述行为的原因可能有:

①父母行为的影响。生活中,父母在育儿过程中出现专制、惩罚行为,幼儿会进行模仿,导致在游戏中体现出来。豆豆可能是受到了这样的家庭因素的影响。

②影视作品的影响。影视作品,如动画片中的攻击性行为会影响幼儿,增加幼儿做出攻击性行为的可能。材料中豆豆的做法可能是对动画角色的模仿。

③个体因素的影响。幼儿由于个性、情感、社会性等不同,对游戏的兴趣和表达方式等也会不同。材料中的豆豆对娃娃做出攻击性行为,与其自身的气质类型、交往方式等有关系。

④挫折情绪的影响。挫折是引起幼儿做出攻击性行为的直接原因,幼儿在生活中遭到不公平待遇就会产生挫折感,材料中豆豆对布娃娃采取攻击性行为,可能是在生活中受到了挫折,于是将内心的情绪宣泄在布娃娃身上。

(2)针对豆豆出现的行为,老师可以采取以下几种措施:

①应及时介入游戏中进行引导。老师可以以平行游戏法进行引导,或者以扮演游戏角色的方式进行引导,在游戏过程中达到正确指导的目的。

②以关怀、接纳、尊重的态度与豆豆交往。耐心倾听,努力理解豆豆的想法与感受。关注豆豆平时的表现,尽量满足豆豆的合理需要,减轻其心理受挫程度。

③善于发现游戏中所隐含的教育价值,把握时机,积极引导。面对豆豆的这种情

况，老师应在充分观察的前提下，引导其正确对待他人的方式和方法。

④努力提供宣泄内心消极情绪的途径，引导豆豆减少对攻击性行为的模仿。

⑤关注豆豆的特殊需要和发展障碍，与家庭密切配合，必要的情况下可采取家访的方式进一步了解家庭教养方式，并帮助家长树立正确的育儿观念，共同促进豆豆健康成长。

项目四

一、选择题

【解析】本题主要考查的是游戏的分类。根据游戏的教育作用不同，可以将游戏划分为创造性游戏和规则性游戏两大类。创造性游戏包括角色游戏、建构游戏和表演游戏，在此类游戏中幼儿的自由性更强。规则性游戏包括体育游戏、音乐游戏、智力游戏等。表演游戏是幼儿按照童话故事等文学作品中的情节扮演某一角色，再现文学作品内容的一种游戏形式。根据题干中“塑造角色”可以定位是角色游戏或表演游戏，但通过“塑造角色+文学作品”不难看出这里的游戏指的是表演游戏，故D项正确。

A项：角色游戏是幼儿通过扮演角色、发挥想象，创造性地反映个人生活经验的一种游戏，通常都有一定的主题，所以又称主题角色游戏。与题干不符，故排除。

B项：结构游戏又称建构游戏，是指利用各种结构材料或玩具进行建构活动的游戏。与题干不符，故排除。

C项：智力游戏是指以生动、新颖、有趣的形式，使幼儿在轻松愉快的活动中增长知识、发展智力的游戏。与题干不符，故排除。

二、论述题

【解析】本题考查考生对幼儿游戏活动的特征以及指导要点的掌握情况。游戏是幼儿自主自愿的活动，自主性是幼儿游戏的基本属性。案例中老师没有理解游戏的特征，游戏主题、内容、形式等设计不能很好地调动幼儿的积极性。

幼儿游戏应该具有以下特征：

(1)游戏是幼儿自主自愿的活动，游戏是非强制性的，幼儿应该自由选择游戏的内容、方式、材料及同伴等，自主性是游戏最本质的属性。案例中老师给幼儿安排角色，剥夺了幼儿游戏的自主性。

(2)游戏是幼儿感到快乐的活动。幼儿在游戏的过程中有愉悦的情绪体验，才能让游戏顺利进行下去。案例中幼儿在游戏中没有愉快的体验,因而出现了期望游戏尽快结束的情况。

(3)游戏是充满想象和创造的活动。幼儿的游戏行为是对周围现实生活的反映,但是,这种反映不是机械地模仿,而是加入了想象,创造性地整合和表现周围生活。案例中幼儿完全按照老师的要求进行扮演,限制了幼儿的想象。

从老师指导游戏的角度来看,李老师是控制者、导演,是以控制、命令的方式介入幼儿的游戏中,要求幼儿按照她的安排进行游戏,这种指导是不恰当的,剥夺了幼儿的自主性。这种游戏不是本质上的游戏活动。

三、活动设计题

【解析】游戏活动的名称可以是:大班表演游戏活动《大话西游之孙悟空》

一、活动目标

1.知识目标:了解《西游记》中角色的特点及行为表现,知道孙悟空打妖怪的目的和意义。

2.技能目标:能够与同伴一起表演游戏,并用适当的语言和动作饰演自主选择的角色。

3.素养目标:愿意主动参与表演活动,体验表演的乐趣。

二、活动重难点

1.活动重点:了解《西游记》中的角色特点。

2.活动难点:愿意主动参与表演活动,用流畅的语言和形象的动作表现角色的特点。

三、活动准备

1.用物准备:《西游记》动画片,孙悟空、唐僧等卡通图片,孙悟空、唐僧等表演头饰。

2.经验准备:幼儿有看过《西游记》动画片、听过《西游记》故事的经历。

四、活动过程

(一)活动导入

图片导入。老师出示孙悟空、唐僧等人物的卡通图片,引导幼儿观察,激发幼儿兴趣,为活动开展做铺垫。老师可以边展示图片,边提问“你们看看这张图片上是谁”“他们是哪部动画片中的角色”等等。

（二）活动开展

1. 老师播放《西游记》动画片，引导幼儿观看并回忆内容情节。在观看结束后老师进行提问，请幼儿回答动画片里都出现了哪些角色。

2. 老师引导幼儿分组讨论自己喜欢的角色并讨论角色的行为。

（1）老师将幼儿分组，小组进行讨论，并让幼儿说出自己最喜欢的角色和原因。

（2）结合动画内容，老师引导幼儿说出孙悟空的角色特点及行为目的。比如老师提问“孙悟空都做了哪些事情”“他为什么要这样做”“他是不是到处搞破坏，见人就打”等。

（3）幼儿发言后，老师进行小结：孙悟空打妖怪是为了保护师父、师弟和其他无辜的人不受到伤害，而不是到处搞破坏。

3. 老师引导幼儿扮演《西游戏》中的角色，进行表演游戏。

（1）游戏开始前，老师说明游戏规则及注意事项。注意事项：幼儿要保护好自己和身边的同伴，避免出现误打误伤。

（2）老师出示头饰，引导幼儿自主选择游戏角色，并佩戴头饰。

（3）幼儿进行角色扮演，老师巡回指导。

（三）活动结束

老师总结本次游戏活动，奖励每位幼儿一朵小红花，并用语言表扬幼儿的表现，如“你们个个都是小小表演艺术家”等。

五、活动延伸

老师引导幼儿回到家之后与爸爸妈妈一起表演其他文学作品，提高表演意识和能力。

项目五

一、选择题

【解析】本题考查考生对各类游戏概念的掌握。建构游戏是指幼儿利用积木、积塑、泥、沙等材料进行建造的游戏。故B项正确。

A项：表演游戏是指幼儿根据故事等，运用动作、表情、语言进行创造性表演的游戏。与题干要求不符，故排除。

C项：角色游戏是幼儿通过扮演角色，创造性地反映周围现实生活的一种游戏，又称想象性游戏，如娃娃家、医院主题游戏等。与题干不符，故排除。

D项:规则游戏是成人在幼儿自发游戏的基础上,为一定的教育目的而编制的,大都由老师组织进行,有时也可以由幼儿组织进行的游戏。包括体育游戏、智力游戏、音乐游戏等。故排除。

二、简答题

【解析】积木是各个年龄阶段的幼儿都喜欢的一种游戏材料。使用积木进行游戏,可以使幼儿学习多少、高低、长短等概念,建构对物质世界的认知。

(1)积木游戏可以培养幼儿的精细动作和手眼协调能力。

(2)积木游戏对发展幼儿智力有特殊作用,如发展分类能力、想象力及创造力。

(3)积木游戏可以培养幼儿良好的意志品质和合作精神。

(4)积木游戏可以提高幼儿的审美能力和创造美的创造力。

(5)积木游戏有助于培养幼儿的生活情趣。

三、材料分析题

【解析】本题考查考生对建构游戏特点及指导要点的掌握。

1.场景1中幼儿在搭建中可能遇到的问题有:

(1)在搭建过程中很难使天秤两边达到平衡,积木会倒塌;

(2)在搭建的时候不会注意到两边的杠杆长度不一样,会一直在两边放相同数量的积木;

(3)在搭建的过程中两个幼儿不会很好地分工合作。

2.在解决问题的过程中幼儿能够获得以下经验:

(1)对有关几何图形及其特征的认识

不同形状的积木,就是不同的几何体。幼儿在操作积木的过程中可以感知到不同几何体的特点,需要进行拼接与组合等,需要了解形状、空间、方位等,这对幼儿发展空间思维有促进作用。

(2)有关平衡的学习经验

幼儿在玩此积木的过程中,很容易出现的一个问题就是两端的积木很难保持平衡,他们需要想办法保持底座支撑点的平衡,会通过调整积木的数量与大小让天秤平衡。这种平衡学习经验对幼儿思维发展有促进作用。

(3)有关量的学习经验

不同积木有大小之分,积木的不同边长有长短之分,这些都可以使幼儿获得关于量的经验,对幼儿学习数学有重要意义。

3.游戏材料的特点为:积木较大,但是基本上都是长方体,种类单一,数量比较多。

这些特点对幼儿学习活动的影响为:

积木的体积大,方便幼儿抓握,同时方便幼儿观察长方体几个面的特点以及比较不同边的长短。

积木的种类单一,降低了游戏难度,没有呈现出难度的层次性,幼儿也很难获得形体之间的关系的经验,容易使幼儿对活动失去兴趣。

数量较多,材料的结构性较低,幼儿可以根据自己的兴趣选择搭建不同的物体,能激发幼儿的创造性。

天秤不平衡,对幼儿来讲要在天秤的两端搭建积木是具有一定挑战性的。

项目六

一、选择题

1.D

【解析】略。

2.B

【解析】略。

二、活动设计题

【解析】

游戏1:谁会被吃掉

游戏目标:练习比较数字的大小。

材料准备:标有数字1—10的扑克牌若干。

游戏玩法:每两名幼儿分成一组,将扑克牌发完后让他们轮流出牌,每次每人出一张牌,比一比谁出的牌的数字大,数字大的牌就可以把数字小的牌"吃掉"(吃掉后两张牌要放在旁边,不可重复出牌),直到牌出完。若两张牌的数字一样大,就各自收回。最后比一比谁的牌多,牌多者取胜。

游戏2:分类

游戏目标:按要求分类,体验与同伴共同游戏的快乐。

材料准备:标有数字1—10不同花色的扑克牌若干。

游戏玩法:两人各拿牌若干,数量尽量相同。若按数字分类,则分别把1—10分开放;若按花色分类,则把方块、梅花、红桃、黑桃分开放。两人同时开始,分得又快又对者为胜。

项目七

一、选择题

1.D

【解析】本题考查《3—6岁儿童学习与发展指南》“艺术”领域的目标。该指南中指出，4—5岁幼儿应“具有初步的艺术表现与创造能力”，能用自然的、音量适中的声音基本准确地唱歌；能通过即兴哼唱、即兴表演或给熟悉的歌曲编词来表达自己的心情；能用拍手、踏脚等身体动作或可敲击的物品敲打节拍和基本节奏；能运用绘画、手工制作等表现自己观察到或想象的事物。故正确答案为D。

2.B

【解析】本题考查《3—6岁儿童学习与发展指南》“艺术”领域的目标。该指南中“艺术”领域“喜欢欣赏多种多样的艺术形式和作品”目标要求：3—4岁幼儿喜欢听音乐或观看舞蹈、戏剧等表演；乐于观看绘画、泥塑或其他艺术形式的作品。故B项正确。A、C、D三项均不属于小班幼儿所具备的素养，与题干不符，排除。

二、论述题

【解析】(1)有利于幼儿个性发展。幼儿在感受美的同时，塑造积极向上、活泼开朗的性格。(2)有利于幼儿认知发展。幼儿在艺术活动中，增长了知识，发展了智力。(3)有利于幼儿想象力和创造力的发展。幼儿借助形象化方式认识世界，促进左右脑均衡发展。

项目八

一、选择题

【解析】本题考查幼儿游戏的分类。根据教育作用不同，游戏分为创造性游戏和规则性游戏。规则性游戏是老师根据一定的教育目的，按照一定的目标设计的游戏，包括体育游戏、音乐游戏、智力游戏等，主要特点是竞争性和文化传承性。赛跑属于规则性游戏中的体育游戏，以锻炼身体为主要内容，以发展基本动作为目的。下棋属于规则性游戏中的智力游戏，以生动、新颖、有趣的游戏形式，吸引幼儿在轻松愉快的活动中增长知识、发展智力。故D项正确。

二、简答题

【解析】游戏是幼儿最喜爱的活动，户外运动游戏运动强度较大，因此老师需要随时观察。具体来说需要把握以下几个要点：

(1)观察游戏环境。游戏场地的安排是否合理,设施是否安全,有无浪费的地方或过于拥挤的区域等。游戏材料是否丰富,是否可以满足幼儿的需要。

(2)观察游戏中的幼儿。观察幼儿在游戏中的身心发展情况,幼儿对游戏的专注程度、在游戏中的兴趣偏好、游戏的内容和玩法以及游戏中的同伴交往等。

(3)观察游戏与课程之间的关系。老师要能够捕捉到幼儿在游戏中的共性问题,通过专门的课程等方式解决问题,促进幼儿的发展。

(4)观察游戏时间。游戏时间充足,游戏时间规划合理,才能保证幼儿顺利完成游戏活动。

三、材料分析题

【解析】材料中的幼儿有共同的游戏目的,游戏过程中采用了分工合作的形式,说明进行的是合作游戏。在此游戏中幼儿可获得如下经验:

(1)合作经验。幼儿游戏中社会性交往水平最高的就是合作游戏,合作游戏可以增强幼儿的合作意识和交往能力。材料中,有的幼儿抬竹槽,有的放乒乓球,通过彼此间的分工合作,使游戏得以继续,说明幼儿可以获得合作经验。

(2)身体平衡与控制经验。在游戏过程中,幼儿的身体协调能力和控制能力得到了提升。材料中,乒乓球总会在竹槽连接处掉落,说明幼儿动作的协调和控制能力比较弱,而通过反复尝试,幼儿最终能够很好地控制竹槽间的距离和坡度,使乒乓球在翻滚过程中不掉落,说明幼儿可以获得身体平衡与控制经验。

(3)认知经验。幼儿认知能力的发展包括想象、思维等。竹槽的坡度太陡,导致乒乓球落不到竹筒里,经过不断尝试与探索,最终乒乓球落到了竹筒中,这丰富了幼儿对斜坡与速度关系的认知经验。同时幼儿所玩的游戏需要将竹槽连接起来,在实施过程中需要考虑到物体连接的状态,幼儿可以获得物品连接经验。这两点说明幼儿可以获得认知经验。

(4)获得成就感和自信心,培养了积极的情绪情感。幼儿的成就感和自信心可以从成功完成某件事情中获得。材料中的幼儿就是通过不断努力,克服了重重困难,最终取得了游戏的成功,感受到了成功的喜悦。这说明幼儿可以通过成功获得积极的情绪情感经验。

(5)培养了耐心。幼儿期是培养耐心的关键时期,有难度的游戏可以促使幼儿不断探索,耐心琢磨。尽管游戏过程中遇到了很多困难,但幼儿还是通过不断努力最终成功把球滚到了竹筒里,这培养了他们的耐心。

对幼儿来说，游戏不仅仅是一种娱乐活动，还是主要的学习方式，幼儿可以从游戏中获得多方面的发展，作为老师，一定要重视幼儿的游戏教育。

四、游戏设计题

【解析】详细设计步骤略，以下只从设计要点上进行解析。

1.游戏《猫捉老鼠》的考查要点解析：

(1)游戏设计的多样性：活动至少包括两种游戏类型，这要求设计者不仅要考虑追逐游戏(猫捉老鼠的基本形式)，还需要加入另一种游戏元素，如表演游戏、扮演游戏等，以丰富游戏的内容和层次。

(2)儿歌创编能力：要求根据游戏内容创编儿歌，这考查设计者的语言组织能力、音乐感知能力和创新能力。儿歌应简洁易记，与游戏内容紧密关联，且能够增强游戏的趣味性。

(3)时间管理与展示能力：在10分钟内完成游戏设计、儿歌创编和演示，这要求设计者具有扎实的专业技能和高效的时间管理能力。

冲突解决策略：考查设计者对游戏中可能出现问题的处理能力。特别是针对幼儿争抢问题，需要体现出其对幼儿行为的理解、对冲突的预防和处理策略，以及自己的教育理念。

2.游戏《迷迷转》的考查要点解析：

(1)游戏规则与玩法的清晰度：游戏的规则和玩法清楚，这要求设计者能够准确、简洁地描述游戏的目标、要求和步骤，确保参与者能够迅速理解并开始游戏。

(2)年龄发展特点的把握：设计出一种符合幼儿年龄特点的新玩法，这要求设计者应了解幼儿的身体发展水平、认知能力和兴趣点，具有丰富的想象力和创新能力，游戏应能够激发幼儿的参与兴趣和挑战欲望。

(3)时间管理与实施能力：在10分钟内完成设计、展示，这要求设计者能够迅速构思，具有扎实的专业技能。

项目九

一、选择题

【解析】象征性游戏是幼儿的典型游戏形式。幼儿2岁以后开始大量出现象征性游戏行为，4岁以后是比较成熟的发展阶段。象征性游戏的标志是“以物代物、以物代人、以人代人”，题干中的“竹竿”在幼儿游戏中属于一种象征性符号。故C项正确。

二、简答题

【解析】答案要点：

文化性：民间游戏具有丰富的民族文化和地域特色，通过游戏，幼儿能够接触到这些文化。教育性：民间游戏往往具有寓教于乐的作用，可以向幼儿传授生活常识、道德规范等。趣味性：民间游戏通常具有趣味性，能够激发幼儿的兴趣，让他们在游戏中获得快乐，增强游戏体验。互动性：许多民间游戏需要幼儿之间的互动，这有助于培养幼儿的合作精神和社交能力。简易性：民间游戏通常不需要复杂的器材和场地，便于组织和实施，适合在幼儿园开展。灵活性：民间游戏的规则往往可以根据幼儿的年龄、能力和兴趣进行调整，具有很强的灵活性。身体活动性：多数民间游戏都涉及身体活动，有助于幼儿的身体发展。多样性：民间游戏种类繁多，内容丰富，能够满足不同幼儿的需求和兴趣。

项目十

一、选择题

1.B

【解析】在玩棋类游戏时，幼儿的行为表现最能反映玩具的可玩性，其中，玩棋兴趣持续较长时间是最能反映玩具可玩性的行为表现之一。因为如果玩具的可玩性不高，幼儿的兴趣很难维持较长时间，而如果玩具的可玩性很高，则幼儿的兴趣会持久，表现为玩得很开心、很投入。故B项正确。

2.D

【解析】本题考查的是考生对幼儿发展评价目的的掌握情况。幼儿发展评估的内容既包含身体的生长与发育，也包括心理的发展。对幼儿发展进行评估，有利于老师了解幼儿的发展需要，调整教育行为，更好促进幼儿发展。A选项，筛选、排队主要是鉴定作用，与题干描述不符；B选项，老师反思性成长是针对老师的评价项目，与题干描述不符；C选项，提高保教质量是针对幼儿园的评价项目，与题干描述不符。

二、简答题

1.【解析】角色游戏是幼儿期最典型、最有特色的一种游戏。游戏观察一般可以从以下几个方面入手：(1)观察游戏主题是否积极健康；(2)观察游戏环境是否安全、卫生、舒适、便于进行交往活动；(3)观察游戏内容是一般经验还是社会热点；(4)观察幼儿游戏需求，即想些什么、需要什么、做些什么、兴趣点和困难又是什么；(5)观察游戏材料是否体现教育功能，游戏中如何反映人与物的交互作用；(6)观察幼儿的游戏能力及表现。

观察是幼儿老师的必备素质，对幼儿游戏行为观察是实施有效指导的前提条件。幼儿在游戏中有最真实、自然的表现，游戏是老师了解幼儿最重要的途径之一。通过游戏，老师可以了解幼儿的生活经验，为准确地设计游戏奠定基础，为幼儿开展游戏活动提供充分的条件。

2.【解析】户外运动游戏运动强度较大，危险性也大，因此老师需要随时观察。具体来说需要把握以下几个要点：(1)观察游戏场地的安排是否合理，设施是否安全，有无浪费的地方或过于拥挤的区域等，游戏材料是否丰富，是否可以满足幼儿的需要。(2)观察幼儿在游戏中的身心发展情况，幼儿对游戏的专注程度，在游戏中的兴趣偏好以及与同伴交往等。(3)老师要能够捕捉到幼儿在游戏中的共性问题，通过集中指导等方式解决问题，促进幼儿的发展。(4)观察游戏时间是否充足，游戏规则是否合理，是否能够保证幼儿顺利完成游戏。

三、案例分析题

1.【解析】

中班幼儿建构游戏(土楼建构)观察记录表

分区	选择材料		使用数量			建构类型			建构技能			建构计划			社会性互动				持续时间		教师指导方法		
	不同大小2种以上	相同大小、相同形状	多	适中	少	自由建构	模拟建构	主题建构	垒高	平铺	围合	先建构后思考	边建构边思考	先思考再建构	单独	平行	联合	合作	短	长	环境提示法	角色参与法	语言引导法
装饰区1	√		√				√							√		√				√	√		√
装饰区2	√		√				√							√		√				√			
搭建区(女)		√	√			√			√		√	√				√				√			√
搭建区(男)		√	√			√			√		√	√				√				√			√

2.【解析】本视频呈现的是中班孩子在建构土楼的活动片段，属于建构游戏活动。

(1)幼儿的认知、情感、意志等心理过程分析：

①幼儿的识图能力有了发展，初步学会看简单的结构平面图。视频中幼儿在搭

建过程中会观察参考电脑上的图形。同时，幼儿对结构材料熟悉，充分利用老师提供的材料进行搭建并提出自己的建议。

②幼儿有较强的意志力，能够围绕主题进行建构，并完成作品。在建构过程中大部分幼儿都全身心投入游戏，积极主动地进行建构。

③幼儿想象具有泛灵性。在幼儿想要踩踏材料的时候老师利用幼儿泛灵性的特点提醒纸盒会“痛”，有效防止了幼儿毁坏材料。

(2)幼儿的个性、社会性发展以及学习心理分析：

总体来看，社会性发展良好，合作意识开始萌芽。视频中幼儿能与同伴合作进行构建，能够帮同伴把不需要的材料放回材料篮子里，且具备一定的生活经验，知道给土楼装窗子。如一个孩子在装窗子的时候不会固定，能够向老师求助。

(3)老师保教行为分析：

①老师提供了足够的场地及充足的材料，使每个幼儿都有操作的机会，满足幼儿的活动需求。但提供的材料种类不够丰富，没有给予幼儿多样化选择的机会。

②老师在活动中引导幼儿确定主题，并且培养幼儿不断探索和坚持的品质，符合《3—6岁儿童学习与发展指南》与《幼儿园教育指导纲要(试行)》中对老师的要求。如老师提供电子图纸，引导幼儿进行有目的的搭建，发展了幼儿的有意注意。游戏过程中表扬和鼓励幼儿，询问幼儿是否需要帮忙，在遇到问题时进行指导和帮助。游戏过程中个别孩子在旁观，老师耐心地引导其搭建一个自己的土楼。

③在构建方法和技能的指导上，老师引导幼儿基于建构经验学习架空、覆盖、桥式和塔式等建构技能，形成里外空间概念。如教师用语言引导幼儿搭一个桥把两个土楼连接起来，添加创意，避免搭建停止。

④老师在指导幼儿建构时，语言简明，指令清晰，富有启发性。老师通过积极的正向引导，启发幼儿思考，鼓励幼儿大胆创造，并适时进行赞美，营造了良好的心理氛围，让幼儿获得积极的情绪体验，对幼儿建构活动的开展起到了促进作用。

(4)建议：

总体来说，老师在活动中体现出爱心、耐心与责任心，随时关注幼儿的情况并且进行指导，有助于幼儿的身心发展。但在材料准备方面存在不足之处，建议提供种类丰富的建构材料供幼儿自由选择，激发幼儿的游戏兴趣。另外，在指导过程中，老师可根据具体情况增加对幼儿看图建构的引导。